프레젠테이션 달인이 된 최대리

프레젠테이션 달인이 된 최대리

프레젠테이션 달인이 된
최 대리
|김희수 지음|
위즈덤하우스

프레젠테이션 달인이 된 **최대리**

초판 1쇄 발행 2007년 1월 25일   초판 4쇄 발행 2010년 5월 7일

지은이 김희수 **펴낸이** 김태영

기획 최용범 **스토리텔링** 박현찬

편집2분사 분사장 고정란
1팀 최유연 최소진 **2팀** 강정애 **3팀** 김세원 **디자인팀** 강경신
제작_이재승 송현주

펴낸곳 (주)위즈덤하우스 **출판등록** 2000년 5월 23일 제13-1071호
주소 (410-380) 경기도 고양시 일산동구 장항동 846번지 센트럴프라자 6층
전화 (031)936-4000 **팩스** (031)903-3891
홈페이지 www.wisdomhouse.co.kr
출력 엔터 **종이** 화인페이퍼 **인쇄 · 제본** (주)현문

ⓒ 김희수, 2007 ISBN 978-89-6086-008-7 03320

차례

프롤로그

Presentation master

혁신 방안이 세워지면 프레젠테이션을 통해 여러 사람의 지혜를 모으고
계획이 수립되었다. 프레젠테이션은 마치 혁신의 입법 절차와도 같았다.

산호세 전략 회의

1월 1일 아침. 미국 산호세

샌프란시스코 공항에 내리자 예정대로 비서실 직원이 마중을 나왔다. 허완서 상무는 직원의 안내를 받아 승용차에 몸을 실었다. 차는 이내 소리 없이 공항을 빠져 나갔다. 차창 밖으로 부슬부슬 내리는 비를 바라보다 허 상무는 눈을 감았다. 시차 때문에 졸음이 밀려왔지만 긴장해서인지 잠이 들진 않았다.

사흘 전 아침. 메일함 맨 위쪽이 불안하게 깜박거리고 있었다. 극비 번호를 입력해야 들어갈 수 있는 메일이 도착한 것이다. 임원이 될 때 한 번 받았으니 3년 만이었다. 거기에는 사장이 발송한 짤막한 지시사항이 담겨 있었다.

남쪽으로 1시간쯤 달리자 산호세가 보였다. 차는 고속도로를 빠져나와 산호세의 심장부인 실리콘밸리로 접어들었다.

2층에 마련된 회의실에는 대여섯 명의 임원들이 자리를 잡고 있었다. 새해 벽두, 그것도 조직 개편 한 달 만에 열린 갑작스런 해외 회의인지라 모두들 긴장된 눈빛이 역력했다.

이번 조직 개편의 특징은 대폭적인 물갈이였다. 작년에 선대 사장이 일선에서 물러나면서 예정된 수순이긴 했지만 상당수 임원이 세대교체라는 명분에 밀려 회사를 떠나야 했다. 신임 사장을 중심으로 회사 전체가 전면적으로 재편되면서 누구의 자리도 안전할 수 없다는 것이 확연히 드러난 조치였다.

신규 임원 중에는 눈에 띄는 인물도 있었다. 전략팀장 강일도 상무. 대부분 내부 승진이었던 데 반해 강 상무는 외부 영입 인사였다. 신임 사장이 MBA 코스를 밟을 때 도움을 많이 주었던 교수라는 것 외에 알려진 것이 없는 인물이다.

어느덧 빈자리가 다 채워졌다. 한눈에 보아도 회사 내 핵심 임원들만 소집된 것임을 눈치 챌 수 있었다.

12시가 되자, 신임 사장이 들어섰다.

"모두 일어나실 필요 없습니다. 그대로 자리에 편안히 앉아 계십시오."

사장은 40대 초반다운 박력 있는 목소리로 말했다.

"강 상무님도 앉으시지요."

그제야 임원들은 사장 뒤에 서 있는 강일도 상무에게 눈길을 보냈다. 40대 후반쯤 되었을까? 키가 작고 눈매가 날카로워 녹록치 않아 보이는 인상이었다.

회의는 비서실장의 사업 현황 발표로 시작되었다.

지난 5년 동안 사이버넥스(CyberNex)의 실적은 눈부셨다. 아득하게만 보였던 세계 일류 기업들을 따라잡고, 세계 전자 업계가 불황에 시달리는 동안 매년 사상 최대의 흑자 기록을 갱신하였다. 물론 초일류라고 하기엔 아직 부족한 감이 있었다. 하지만 이제 주변의 부러움을 사는 단계를 지나 집중적인 견제를 받는 기업으로 성장한 것만은 분명한 사실이었다. 이 모두가 선대 사장이 30년 동안 추진한 '인간 경영'이 이룩해 낸 결과였다. 이런 이유로 선대 사장이 건강상의 이유를 들어 물러날 때, 회사 내부는 물론 정계와 언론계에서까지 우려를 나타내는 목소리가 컸다.

현황 발표가 끝나자 강일도 상무의 향후 전략 발표가 이어졌다. 강 상무가 발표한 향후 전략은 한마디로 선대 사장이 이룩한 '인간 경영'을 '혁신 경영'으로 전환해야 한다는 것이었다.

그렇게 시작된 회의는 이후 3박4일 동안 진행된 일정의 서막에 불과했다. 마지막 날 오전까지는 진행이 순조로웠다. 그런데 업무 프로세스에 대한 강일도 상무의 기조연설이 끝나면서부터 이상한 분위기가 감지되기 시작했다. 강 상무는 낙후된 업무 사례를 들어가며 해당 임원들을 자극했고, 회의는 점차 격렬한 토론으로 변화되기 시작했다.

토론이 무르익자, 임원들은 뚜렷하게 세 그룹으로 나뉘었다. 한쪽은 강 상무를 중심으로 혁신의 당위성에 열을 올리는 사람들, 다른 한쪽은 혁신에 좀더 신중하게 접근해야 한다는 사람들, 그리고 대다수의 사람들은 중간에서 중립적인 태도를 보이며 동요했다.

사장은 조용히 듣고만 있었다. 그가 처음으로 입을 연 것은 밤 9시가 조금 넘어서였다.

"아무래도 내부 이견이 쉽게 좁혀지지 않을 것 같군요. 이번 건은 좀더 시간을 두고 검토하는 것이 좋을 듯합니다."

사장은 주위를 한 번 둘러보고 다시 말을 이어갔다.

"시간이 많이 늦었습니다만, 제가 준비한 우리 회사의 새로운 목표 선포와 핵심 전략을 발표하면서 오늘 회의를 마무리할까 합니다. 강 상무님이 저를 대신해서 발표해 주시겠습니까?"

"사이버넥스의 새로운 목표는 5년 내 세계 전자 업계 1위 달성입니다. 이를 위한 3대 핵심 전략은 첫째, 프로세스 혁신. 둘째, 조직 혁신. 셋째, 시스템 혁신입니다."

임원들은 그제야 이번 회의의 목적을 감지하게 되었다. 새로운 전략 발표에 상징성을 부여하고, 선대 사장과의 차별화를 위해 이보다 좋은 방법은 없었다. 임원들이 깨달은 것은 그것만이 아니었다. 앞으로 회사의 방향과 더불어 새로운 핵심 세력이 누구인지 그리고 그 세력의 칼날이 어디로 향해 있는지 감지했던 것이다.

훗날 산호세 전략 회의라고 부르게 되는 그날의 회의는 이렇게 끝이 났다.

벼랑 끝에서 내민 카드

3월 2일 저녁. 사이버넥스 25층

산호세 회의 이후, 사내에 거친 바람이 불고 있었다.
'혁신.'

태풍처럼, 혁신은 시간이 지날수록 점점 더 세력이 커지고 있었다. 혁신 방안이 세워지면 프레젠테이션을 통해 여러 사람의 지혜를 모으고 계획이 수립되었다. 프레젠테이션은 마치 혁신의 입법 절차와도 같았다.

한 달 전에도 그랬다. 생산 혁신 계획이 수립되자 생산부서의 반발이 심했다. 하지만 전략팀의 프레젠테이션이 있고 나서 논란은 더 이상 받아들여지지 않았다.

"받아들일 수 없습니다."

강 상무는 사장 앞에서 허 상무의 건의를 일언지하에 거절했다.

"저희도 전략팀에서 일방적으로 결정하는 프레젠테이션을 받아들일 수 없습니다."

허 상무는 벼랑 끝에 선 기분이었다.

"전략팀에서 영업부서 의견을 충분히 수렴할 계획이니, 그 점은 염려하지 마십시오."

"수요 예측은 분명 저희 영업부서의 일입니다. 아무리 전략적인 혁신 과제라고 해도 실무적인 현장 감각이 절대적으로 중요하다고 봅니다."

"하지만 혁신이란…"

"잠깐만요, 강 상무. 허 상무의 말도 일리가 있습니다."

사장이 갑자기 강 상무의 말을 잘랐다.

두 번째 타깃으로 선정된 영업 혁신. 사장은 영업 혁신 프레젠테이션을 앞두고 허 상무의 건의를 받았다. 전략팀이 아닌 영업팀에서 프레젠테이션을 하게 해달라는 것이었다. 당연히 전략팀장 강 상무는 반대하고 나섰다. 하지만 영업팀장 허 상무도 간단히 물러날 기세가 아니었다.

"사장님, 혁신 프레젠테이션은 전략팀의 고유 업무입니다."

"알고 있습니다, 강 상무. 하지만 허 상무가 건의한 차선책 정도는 생각해 보아도 좋을 것 같습니다."

사장은 약간의 양보가 오히려 약이 될 수도 있다고 생각했다.

"전략 업무 경험이 별로 없는 친구인 것 같은데 괜찮겠습니까?"

강 상무도 사장의 의중을 읽었다는 듯 한 발 물러섰다. 영업 경험이 있는 사람이 전략팀에서 프레젠테이션을 하게 해달라는 것이 허 상무가 제시한 차선책이었다.

"잘 해낼 겁니다. 발표 내용이 영업팀에 맞는 내용인 데다, 그 친구는 전략적으로 문제를 푸는 데 있어서 결코 누구에게도 뒤지지 않습니다. 그 예로 작년에…"

"좋습니다. 대신 한 가지 조건이 있습니다."

강 상무가 작은 눈을 더 가늘게 뜨고 허 상무를 응시했다. 허 상무는 당황하지 않으려 노력했지만 등에 식은땀이 흘러내렸다.

"어떤 조건입니까?"

"이번 프레젠테이션을 통해 최종 결정이 나면, 더 이상 이의를 달지 않아야 한다는 것입니다."

"좋습니다."

허 상무는 사장실을 나왔다. 갑자기 앞만 보고 달려왔던 20년의 세월이 파노라마처럼 빠르게 그의 뇌리를 스쳐 지나갔다.

자리에 돌아와 창밖을 보니 하늘을 뒤덮은 구름이 잔뜩 흑빛을 머금고 있었다. 바늘로 톡 찌르면 순식간에 시커먼 먹물이 쏟아질 것 같았다.

"이것 봐! 소나기는 피해 가라고 하지 않던가."

"떨어지는 칼날에 왜 손을 대려고 하는 거야?"

주변에서는 모두 허 상무를 말렸다.

"진정한 혁신은 현장을 배반하지 않는 것입니다."

허 상무는 그렇게 주장했다.

그리고 사장을 만나 승부수를 던졌다. 아니 정확하게 말하면 혁신을 주도하고 있는 강 상무를 향해 던진 카드였다. 그가 내민 카드는 최명석 대리였다. 그를 선택한 것은 어쩌면 도박일지도 모른다. 언뜻 볼 때, 최 대리는 지극히 평범했다. 하지만 허 상무는 최 대리의 다른 면을 보고 있었다. 특히, 작년에 고객 세분화 과제와 관련한 그의 아이디어는 놀라웠다. 많은 사람이 그냥 지나쳤지만, 허 상무는 거기에 끈질기고 치밀한 분석과 논리가 묻어 있음을 보았다. 그 끈기와 치밀함을 다시 보여 준다면 충분히 승산이 있을 터였다.

  '그래! 이미 던져진 주사위다. 그 주사위가 어떤 숫자를 보여줄지
는 저 하늘에 맡길 수밖에 없겠지.'
  어느새 굵은 빗방울이 창문에 빗금을 그어대고 있었다.

1장

프레젠테이션이란 무엇인가

Presentation master

'프레젠테이션은 무엇인가?' 마치 시험 문제 같은 이 질문에 최 대리는 잠시 머뭇거리다 대답했다. "프레젠테이션은 발표자가 청중을 대상으로 파워포인트와 프로젝터 등 매체를 이용하여 미리 정한 내용을 설명하는 것이라 생각합니다만."

첫사랑처럼 떨리고 아픈 경험

4월 15일 금요일

최 대리는 발표 30분 전부터 이런저런 준비를 했다. 마지막으로 프로젝터를 노트북에 연결하고 화면이 잘 나오는지, 마이크는 잘 작동되는지 살폈다. 나름대로 만반의 준비를 갖추었다고 자신했다. 하지만 회사의 쟁쟁한 임원들을 대상으로 프레젠테이션을 한다고 생각하니 등줄기가 서늘해지는 느낌을 떨칠 수 없었다.

김 부장이 5분 전에 도착한 것을 시작으로 임원들이 속속 회의실에 들어왔다. 최 대리의 간단한 인사가 끝나자 곧바로 프레젠테이션이 시작되었다. 먼저 제목과 목차가 슬라이드로 비춰졌다.

제목: 사이버넥스 수요 예측 혁신을 위한 방안

목차: 1. 수요 예측이란 무엇인가?

　　　2. 수요 예측 방법 소개

　　　3. 우리 회사에 맞는 수요 예측 방법 제안

최 대리는 '잘될 거야' 하고 스스로를 격려했지만, 여전히 마음 한 구석이 떨려왔다. 간신히 마음을 다잡고 프레젠테이션을 시작했다.

"먼저 '수요 예측이란 무엇인가?'를 설명하겠습니다. 수요 예측이란 고객의 수요 변화를 사전에 파악하고 민첩하게 대응하는 데 필요한 경영 기법입니다. 예로부터 미래 예측은 어려운 행위로 여겨져 왔습니다. 말 잘하기로 유명했던 뉴욕 양키스의 포수 요기 베라는 예측과 관련하여 이런 이야기를 했다고 전해집니다. '예측은 일반적으로 어렵다. 특히 미래에 대한 것은 더욱 어렵다.' 또 어떤 사람은…"

최 대리가 이제 흥분 상태에서 조금 벗어나 말을 이어가려는 시점이었다. 갑자기 임원 중 한 명이 말을 가로막고 나섰다. 강일도 상무였다.

"잠깐, 발표 중 미안한데 최명석 대리. 수요 예측이 어떤 의미인지 그리고 예측이 얼마나 어려운지는 우리도 이미 알고 있으니 다음으로 넘어가지."

최 대리는 당황했다. 임원들이 수요 예측을 어느 정도 이해하고 있다는 것은 예상하고 있었다. 그래도 임원들이 미처 모르는 부분을 설명할 수 있으리라 믿었다. 더욱이 다음에 나올 파워포인트 그림들을 써먹을 기회조차 잃게 된 것이 안타까웠다. 아직 파워포인트 기술에 익숙하진 않았지만 나름대로 열심히 준비한 자료였다.

"아, 네… 그러면 다음으로 수요 예측 방법을 소개해 드리겠습니다. 수요 예측 방법은 크게 두 가지로 나누어볼 수 있습니다. 첫째, 데이터를 통해 분석하는 데이터 분석 방법과 둘째, 경험을 바탕으로 분석하는 경험적 분석 방법입니다. 데이터 분석 방법은…"

그때였다. 강 상무 옆자리에 앉아 있던 임원이 다짜고짜 최 대리에게 질문을 던졌다.

프레젠테이션에서의 자신감

모든 일이 그렇지만 프레젠테이션에서도 자신감이 무척 중요합니다. 자신감의 중요성을 일깨우는 유명한 이야기로 샌프란시스코의 명물 금문교에 관한 일화를 소개합니다.

캘리포니아를 대표하는 금문교(Golden Gate Bridge).
다리 공사를 시작한 초기, 다리 밑의 바닷물 속도가 어찌나 빨랐던지 인부들은 그 모습을 보는 것만으로도 겁을 집어먹었다.
'발을 헛디뎌 떨어지면 그대로 죽은 목숨이군.'
인부들은 마음속에 이러한 두려움을 안고 불안감에 떨며 일을 했다. 그런 탓인지 공사 중에 인부들이 추락하여 사망하는 일이 잦았다.
회사는 고민 끝에 거액을 투자해 다리 아래에다 추락 방지를 위한 그물을 설치했다. 이후, 공사 중에 추락하는 인부는 거의 없었고 당연히 사망하는 사람도 없었다.
이것은 바로 인부들의 마음속에 변화가 일어났기 때문이다.
'발을 헛디뎌 떨어져도 그물 덕분에 죽지는 않겠군.'
이러한 믿음으로 인부들은 공포를 버리고 그 자리에 자신감을 채운 것이다.

프레젠테이션도 마찬가지입니다.
'준비'와 '훈련'이라는 그물을 만들어 놓으면 자신감이 생깁니다. 발표 도중에 곤경에 처해도 여러분이 만들어 놓은 그물이 여러분을 실패라는 바다로 떨어지지 않도록 해줄 것입니다.
촘촘히 자료를 준비하고 어디서 어떤 질문이 나올 것인가를 미러 예측해 튼튼하게 그물을 설치해 놓으면, 여러분도 프레젠테이션이라는 다리를 훌륭하게 완성할 수 있습니다.

“그래서 어떻게 하라는 겁니까? 그런 수요 방법이 있는데 우리 회사에서는 어떤 방법을 쓰라는 거지요?”

예정된 발표 시간은 30분인데, 10분도 안 되어 프레젠테이션은 이미 마지막 단계로 옮겨가고 있었다.

“아, 네… 저… 그러면 마지막 단계에서 설명하려 했던 것입니다만, 우리 회사에 가장 적합한 수요 예측 방법은 시간 흐름식 분석 방법이라고 생각합니다.”

“왜 시간 흐름식 분석 방법이 가장 적합하다고 생각하게 되었나요?”

“네, 시간 흐름식 분석은 이미 우리 회사와 유사한 해외의 Z사에서 사용하고 있는 기법이며, 국내에서는 수요 예측을 가장 잘하기로 유명한 Y사 등이 사용하고 있는 기법입니다.”

“그렇다면 그들 회사가 수요 예측 기법을 사용해 얼마나 효과를 거두었나요?”

질문은 쉴 새 없이 이어졌다. 최 대리는 이제 어디에서 누구에게 질문이 오는지도 파악할 수 없었다. 어느새 이마에는 송골송골 땀방울이 맺혀 있었다.

“네… 그건 정확히 조사하진 못했습니다만….”

최 대리가 딱해 보였던지 다른 임원이 화제를 돌렸다.

“최 대리가 제안한 수요 예측 방법을 사용할 경우, 우리 회사의 수요 예측율이 얼마나 향상될 것 같은가요?”

"우리 회사의 수요 예측율은 작년 평균 30퍼센트에 머물렀습니다. 앞으로 이 방법을 사용한다면 50퍼센트 이상으로 높아질 것이라 믿습니다."

그러자 이내 질문 공세가 다시 시작되었다.

"내가 잘 몰라서 그러는데, 30퍼센트는 4주 전 예측을 기준으로 한 것으로 알고 있는데 원래 예측은 8주 전 기준으로 해야 하는 것 아닙니까?

"아… 네…"

최 대리는 자신감 있게 '그렇다' 혹은 '아니다' 라고 대답할 수 없었다. 8주 전을 기준으로 한 데이터 조사는 하지 않았던 것이다. 그러나 머뭇거리는 최 대리는 아랑곳하지 않고 곧바로 비수와 같은 질문이 이어졌다.

"8주 전 기준으로 했을 경우 예측율은 얼마죠?"

"아… 저 그게… 잘 모르겠습니다."

최 대리는 모르겠다는 한마디 말이 이렇게 무겁고 긴 느낌으로 다가올 줄 몰랐다. 그때, 잘 모른다던 그 임원은 마지막 한마디를 던지고는 회의실을 빠져나갔다.

"8주 전으로 했을 경우엔 15퍼센트, 6주 전으로 했을 경우는 25퍼센트인 것으로 알고 있습니다. 아무래도 미래전략팀에서 좀더 조사한 다음에 다시 발표를 하는 게 좋겠군요."

그 임원을 따라 나머지 임원들도 회의실을 빠져나갔다.

실패할 수밖에 없는 프레젠테이션

최 대리가 프레젠테이션에 실패한 사례에서 몇 가지 교훈을 얻을 수 있습니다.

1. 질문에서 무너지면 프레젠테이션 전체가 무너질 수 있다

발표를 잘 끝내고도 청중의 질문에 적절히 대응하지 못할 수 있다. 이 경우 한두 개의 질문에 대답하지 못하는 것으로 그치는 것이 아니라, 프레젠테이션 전체가 나쁜 평가를 받을 수 있다는 것을 명심해야 한다.

2. 데이터를 확인하라

1) 발표자가 아닌 청중의 입장에서 궁금한 데이터가 무엇인지 확인해야 한다.

2) 중요한 데이터는 즉시 대답할 수 있도록 암기한다. 특히 청중이 알고 있는 범위보다 더 깊고 넓게 제시하면 청중의 신뢰를 얻을 수 있다.

3. 청중이 발표자에게 1분 안에 결론을 알려달라고 한다면?

1) 청중이 프레젠테이션에서 원하는 것, 즉 '문제에 대한 해답'을 가장 먼저 제시해야 한다.

2) 발표자는 청중이 원하는 답을 몇 마디로 요약해서 표현할 수 있어야 한다.

예: 경영자를 위한 요약본(Executive Summary)

3) 청중에게 제시하는 답은 한 가지로 제한해야 한다. 즉시 의사결정을 하고 실행할 수 있는 한 가지의 답이 효과적이다.

최 대리, 프레젠테이션의 세계로 들어가다

최 대리와 둘만 남게 되자, 김 부장은 살집 많은 얼굴을 실룩거렸다.

"최 대리, 영업부서 출신이라 기대가 컸는데 아주 실망이구먼. 아무리 우리 팀에 와서 처음이라고는 해도 너무 엉망이야. 자네 영업팀에서 프레젠테이션을 한 번도 해본 적이 없나? 프레젠테이션이 무엇인지 알고나 하는 건지 모르겠어."

말리는 시누이가 더 밉다고 했던가? 15분 만에 나가버린 임원들보다 낙담한 부하에게 핀잔만 주는 김 부장에게 더 서운했다. 하지만 따지고 보면 김 부장을 탓할 일도 아니었다.

사실, 문제는 그날부터 시작된 것이었다.

한 달 전, 최 대리는 갑작스레 미래전략팀으로 조직 발령을 받았다.

"미래전략팀이라면 회사 내의 최고 두뇌들이 모인 곳이잖아. 평범한 최 대리와는 어쩐지 맞지 않는 것 같은데. 혹시 인사과에서 실수한 거 아냐? 지금은 인사이동 기간도 아닌데 말이야."

"거기는 출신 배경부터가 대부분 해외 유명 MBA나 박사급 인력들로 구성되어 있는 곳이라 들었는데…."

"미래전략팀은 사장님의 직속 조직이기 때문에 수시로 사장님께 보고 드리고 지시받는 곳이야. 회사의 보이지 않는 실세 조직이라

배경이 든든하지 않고는 제아무리 학벌이 좋아도 갈 수 없는 곳이라고!"

주위에서는 부러움 반 시샘 반, 말들이 많았다. 하지만 최 대리의 마음은 처음부터 편하지 않았다.

'앞으로 내가 여기서 얼마나 성과를 낼 수 있을까?'

아무리 고민해도 별로 답이 나오지 않았다. 이미 5년여의 경험으로 회사의 생리를 잘 알고 있는 최 대리다. 누구든 조직 속에서 경쟁력을 인정받지 못하면 과거야 어찌 되었든 앞날을 보장받지 못하는 곳이 아니던가! 더욱이 몇 달 후에 있을 과장 진급을 눈앞에 둔 시점이었다.

부서를 옮기고 처음 2주일은 조용히 흘러갔다. 하지만 2주일 전, 김 부장의 프레젠테이션 지시로 폭풍 전의 고요는 깨져버렸다.

"최 대리, 2주 후 금요일에 임원들을 모시고 수요 예측 향상에 관한 프레젠테이션을 하는 건 알고 있지? 이번 프레젠테이션은 자네가 맡아서 하도록 해. 원래 제이슨이 맡기로 했는데 그 친구가 중국 진출 관련 TF (Task Force: 임시 조직)에 참여하게 되어서 말이야."

"저, 부장님. 제가 직접 프레젠테이션을 하는 겁니까? 자료는 누가 만들죠?"

김성기 부장은 비웃음 섞인 눈길을 보내며 한마디 던졌다.

"맞아. 최명석 대리 바로 자네가 프레젠테이션 하는 거야. 자료는 당연히 발표를 하는 자네가 만들어야지. 자네가 영업팀 출신이기 때문에 수요 예측에 관해서라면 가장 전문가일 거라고 판단해 자네로 정했네."

최 대리의 마음속에서는 '전 팀을 옮겨 일을 시작한 지 채 한 달도 되지 않았고, 임원들을 대상으로 프레젠테이션을 한 경험도 없습니다'라는 항변이 메아리쳤다. 그리고 차마 밝히진 못했지만 파워포인트로 자료를 만드는 것은 더욱 자신이 없었다. 과거 영업팀에서는 주로 엑셀로 문서를 만들었기 때문이다. 하지만 김 부장의 냉소적인 눈길이 최 대리의 자존심을 자극했다. 김 부장뿐이 아니었다. 자신들과 배경이 다른 최 대리가 이곳으로 발령을 받고 난 후, 주위 팀원들의 눈길에 은근한 냉소가 배어 있음을 느끼고 있던 그였다.

"왜? 힘들겠나? 명석한 대리, 최명석 대리!"

난감해하는 최 대리의 표정을 읽은 김 부장이 비아냥거리는 말투로 말했다.

"아, 아닙니다. 알겠습니다. 2주 후 금요일이라고 하셨죠? 발표 전날까지 자료 준비하겠습니다."

하지만 섣부른 도전이었을까? 최 대리의 첫 번째 프레젠테이션은 결국 참담한 실패로 끝나고 말았다.

김 부장은 최 대리에게 호통을 치고 나자 속이 다 후련해졌다. 강 상무에게 처음으로 최 대리 얘기를 들었을 때부터 쌓여왔던 체증이 이제야 풀린 것이다. 아무리 허 상무의 부탁이라곤 하지만 도저히 용납할 수 없는 결정이었다. 미래전략팀은 아무나 와서 일할 수 있는 곳이 아니라는 것이 김 부장의 평소 신념이었다. 그런데 영업부서 출신이라니! 전략팀이 머리라면 영업팀은 팔다리 같은 부서였다. 다리가 어느 날 갑자기 머리 역할을 한다는 게 말이 되는가? 더구나 국내 대학의 학사 출신? 일을 제대로 못할 것이라는 자신의 예상이 오늘의 프레젠테이션으로 증명된 것 같아 기분이 그렇게 좋을 수 없었다.

"그나저나 최 대리가 깨질 때 허 상무의 똥 씹은 듯한 표정을 카메라로 찍어 놓았어야 하는 건데 말이야. 하하하! 뒷자리에 웅크리고 앉아 혹시나 최 대리가 잘하지 않을까 기대했던 모양인데, 질문 한마디 하지 않고 나가는 꼴이라니! 뭐? 최 대리가 전략적인 아이디어가 뛰어나다고? 머리 좀 똑똑하다고 프레젠테이션을 하루아침에 잘할 수 있을 거라고 생각했다면 오산이지. 암! 오산이고말고. 하하하!"

자리로 돌아온 최 대리는 제이슨에게 전화를 걸었다. 제이슨은 교포 출신이라 사내에서 제이슨이라는 이름으로 통했다. 최 대리와 동년배였지만 미래전략팀에서 제이슨 하면, 프레젠테이션 1인자로 손꼽혔다. 평소에 그는 미국 명문대에서 MBA를 받았다는 것을 증명이라도 하듯, 완벽한 논리와 호소력 있는 말솜씨로 청중을 휘어잡았다. 정교하게 디자인한 파워포인트 한 장 한 장은 마치 살아있는 듯 발표를 뒷받침했다. 최 대리는 제이슨의 프레젠테이션이 한 편의 극

여기서 잠깐! 프레젠테이션 10계명

프레젠테이션은 직장은 물론 여러 분야에서 점점 그 필요성이 커지고 있습니다. 갑자기 주어진 프레젠테이션으로 준비할 시간이 부족하다면 요령을 익혀 대응해야 합니다.

1. 내용에 충실하라

'프레젠테이션' 하면 으레 화려한 시각 자료를 떠올리는 사람이 많다. 물론 지루하게 글만 나열한 자료보다 시각 자료가 전달에 효과적인 것은 사실이다. 하지만 내용의 부실함을 자료의 화려함으로 대체할 수 있다고 생각한다면 그것은 오해다. 충실한 내용은 필수고, 그 내용을 뒷받침하는 시각 자료는 어디까지나 선택이다.

2. 현장을 점검하라

프레젠테이션 현장이란 시설, 장비, 청중 세 가지를 말한다. 시설을 미리 확인하고 장비를 사전에 테스트하면 뜻하지 않은 낭패를 막을 수 있다. 또한 청중의 수, 연령, 지위, 요구사항 등 특성을 미리 파악해 그들의 정서를 알아두어야 한다. 이러한 현장 점검을 통해 발표자는 불안감이나 긴장을 줄일 수 있다.

3. 연습하고 또 연습하라

프레젠테이션에서 가장 먼저 극복해야 할 것은 무대 공포증이다. 공포를 이기는 좋은 방법은 바로 연습이다. 스스로 완벽하다는 생각이 들 때까지 연습한 후에 무대에 올라야 한다.

4. 중요한 데이터는 암기하라

발표자가 내용과 관련하여 중요한 데이터를 즉시 제시할 때, 청중은 발표 자와 발표 내용을 신뢰하게 된다.

5. 자신감으로 무장하라

발표자에게 자신감이 없어 보이면 청중은 발표 자체를 신뢰하지 않는다. 확신에 찬 모습으로 청중에게 다가서라. 프레젠테이션 내용에 대해 발표 자는 최고의 전문가처럼 보여야 한다. 강한 자신감으로 메시지에 열정을 담아 전달해야 청중의 가슴을 덥힐 수 있다.

6. 자료는 이해하기 쉽게

프레젠테이션은 짧은 시간에 끝내야 하는 운명을 타고났다. 따라서 발 표자는 주어진 시간에 최대한 전달 효과를 높여야 한다. 이를 위해 자 료는 청중 위주로 간결하고 인상 깊게 작성한다. 복잡한 숫자나 통계는 도표나 그래프로 표현한다.

7. 결론을 먼저 제시하라

발표자는 처음부터 청중을 사로잡아야 한다. 시작부터 청중의 귀를 당기 기 위한 가장 효과적인 방법은, 서론 단계에서 청중이 궁금해 하는 문제 에 답을 제시하는 것이다. 따라서 '결론 - 이유 - 정리'의 순서로 진행하 는 것이 효과적이다.

8. 주제에 집중하라

발표 도중에 갑자기 삼천포로 빠지는 경우가 종종 있다. 이런 문제는 주 로 발표자가 주제보다 자신이 말하고 싶은 내용으로 이끌리는 경우에 발 생한다. 또한 발표자가 발표 내용을 잘 이해하지 못하고 암기하여 발표하는 경우에도 이런 일이 생긴다. 특히 무조건 암기를 했을 경우 암기 내용을 잊어버리게 되면 주제를 벗어나 횡설수설하기 쉽다. 주제 집중은 발표의 기본이다.

9. 시간을 관리하라

프레젠테이션은 크게 발표자의 발표와 질문 및 답변으로 구성된다. 여기서 시간 관리의 원칙은 절대 '정해진 시간을 넘겨서는 안 된다'는 것이다. 발표 시간이 30분인데 청중이 10명이라고 가정해 보자. 발표가 10분 늦게 끝나면 10×10의 시간, 즉 예정보다 100분이라는 청중의 시간을 '빼앗은' 셈이 된다.

10. 답변은 솔직하게

곤란한 질문을 받으면 누구나 당황하기 쉽다. 이때 임기응변을 한답시고 모르는 사실을 아는 듯이 대응하면 더 나쁜 결과를 만들 수 있다. 곤란한 질문에 대응하는 가장 기본적인 원칙은 '솔직하라'는 것이다.

적인 사건처럼 느껴지기까지 했다. 그런 제이슨이었기에 최 대리도 프레젠테이션 준비에 앞서 가장 먼저 도움을 요청하지 않았던가! 제이슨은 중국 파견 근무 중임에도 불구하고 최 대리에게 자료를 보내주는 등 도움을 주었다. 사실 일주일이라는 짧은 시간에 최 대리가 준비를 끝낼 수 있었던 것도 제이슨 덕분이었다.

자초지종을 들은 제이슨은 최 대리에게 일어난 일에 대해 별로 놀라지 않았다.

"최 대리 정도는 아니지만 저도 처음으로 프레젠테이션을 할 때 호된 신고식을 치렀죠. 최 대리는 프레젠테이션을 잘하는 데 꼭 필요한 '경험'을 한 겁니다. 너무 낙담하지 마세요."

"미안합니다. 제이슨이 그렇게 도와주었는데…."

"아, 아닙니다. 애초에 제가 발표하기로 했던 거라 미리 만들어둔 자료를 보내준 것뿐인데요. 뭘."

"이번 일을 겪고 제가 프레젠테이션에 대해 부족한 게 아주 많다는 것을 깨달았어요."

그 다음 월요일 아침. 최 대리가 제출한 교육 신청서를 보고 김 부장은 다소 의아하다는 듯 물었다.

"최 대리, 이번에 망친 수요 예측 혁신 프레젠테이션을 2주 후에 다시 하라고 지시한 메일 못 받았나요?"

사실이었다. 아침에 회사 메일을 열자 미래전략팀장 이름으로 편지가 와 있었다. 똑같은 주제와 똑같은 임원들을 대상으로 2주 후인 4월 29일에 프레젠테이션을 다시 준비하라는 지시였다. 최 대리는 두 번의 실패가 주는 의미를 잘 알고 있었다. 이번에도 프레젠테이션을 제대로 못한다면 더 이상 미래전략팀에서 일할 기회는 없으리라. 하필 과장 진급을 앞두고 이런 일이 발생하다니! 최 대리로서는 여간 낭패가 아니었다. 그동안 영업팀에서 나름대로 자리를 잡아왔는데, 이제 하루아침에 무너질 위기에 처한 것이다. 최 대리를 더욱 괴롭게 하는 것은 최 대리의 실패와 관련된 얘기가 사내에 급속하게 퍼지고 있다는 사실이었다. "영업팀 출신이 전략팀에 가서 프레젠테이션도 제대로 못했다더라." 최 대리는 옛 동료들과 마주칠 때면 쥐구멍에라도 숨고 싶은 심정이었다.

"부장님, 저도 메일을 봐서 지시사항을 알고 있습니다."

"알고 있으면 교육 같은 거 받을 시간에 자료를 좀더 뒤져본다든지, 우리 회사에 맞는 수요 계획에 대해 연구를 더 한다든지 해야 할 거 아냐!"

"이번 프레젠테이션을 잘해야 한다는 것은 저도 잘 알고 있습니다. 그래서 교육을 신청하는 겁니다."

"글쎄… 일단 교육은 승인하겠네만 이제 와서 한가하게 프레젠테이션에 대한 교육을 받으러 가겠다니… 한심하군, 한심해!"

김 부장은 볼을 실룩거리며 불만을 나타냈다.

"어디 실컷 교육을 받아보라지. 그게 뭐 교육 조금 받았다고 해서 단박에 좋아질 성 싶은가?"

김 부장은 최 대리가 떠난 후에도 여전히 혼자서 투덜거렸다. 평소보다 점심을 일찍 먹고, 최 대리는 강남에 있는 프레젠테이션 교육장으로 향했다. 지하철역을 나오자마자 교육장이 있는 빌딩이 눈에 띄었다. 강의실에는 최 대리 또래가 많았고 간혹 차장이나 부장급으로 보이는 사람들도 눈에 띄었다. 강의는 정시에 시작되었다.

"오늘 프레젠테이션 강의를 통해 여러분이 배울 기술을 한마디로 요약하자면 '발표에도 기술이 있다'는 것입니다."

다섯 시간 동안 진행된 강의는 눈 깜짝할 사이에 흘러갔다. 최 대리는 간단해 보이는 프레젠테이션에 이토록 많은 기술이 필요했던가 하고 새삼 놀랐다.

파트너를 만나다

4월 19일 화요일

휴게실에서 정아와 마주앉은 최 대리는 창가 쪽으로 고개를 돌렸다. 35층에 있는 휴게실 창밖으로 서울 시내 풍경이 한눈에 들어왔다. 그리고 그 풍경과 희미하게 겹쳐 보이는 자신의 얼굴이 노을처럼 달아오르고 있었다.

명석은 서른두 살이 넘도록 제대로 된 연애 한 번 못해 봤다. 그럭저럭 마음에 들어 몇 번 만나본 여성은 있지만, 도무지 마음속에 열정이 일지 않았다. 10년 전 대학시절, 짝사랑으로 끝나버린 첫사랑에 모든 열정을 쏟아버린 탓일까?

그녀는 다른 남자의 여자였다. 남자의 졸업과 함께 둘은 예정되었던 결혼을 하고 미국으로 유학을 떠났다.

이후, 명석을 사로잡은 여인들은 잠시 스쳐가는 얼굴들뿐이었다. 한 번도 만난 적 없지만 얼핏 본 모습이 하루 종일, 심지어 며칠 동안 머릿속에 남아 있는 얼굴. 그 얼굴은 바쁜 출근길 버스나 지하철역에서 인파 속에 묻혀가는 얼굴이었다. 잠깐 옆모습만 보여주고 사라져버리기도 하고, 순간적으로 눈과 눈이 마주쳐 심장을 멎어버리게도 했다. 간혹 운 좋게 버스 안에서 비교적 오랫동안 바라볼 수 있는 경우도 있었다. 하지만 버스가 정차하고 그녀가 내리면 그 얼굴은 다시 만날 수 없는 영원의 길로 사라져버리곤 했다. 그런데 그녀들에게는 공통점이 있었다. 명석은 그들의 얼굴에서 첫사랑의 흔적을 보았던 것이다.

"야! 영화 속에서나 그런 우연한 만남이 인연이 되고 그러는 거지. 그 한심한 첫사랑 타령은 그만 좀 해라. 너 그러다 평생 연애 한 번 못해 보고 총각 귀신 된다."

"이 녀석은 다른 건 쓸 만한데 여자 앞에서는 샌님이란 말이야. 마음에 드는 여자가 있으면 남의 여자든 처음 보는 여자든 무조건 들이대고 봐야지!”

친구들이 명석에게 타박 주며 늘 하던 말이다.

정아를 만난 건 미래전략팀으로 발령받은 첫날이었다. 명석은 처음으로 버스나 지하철이 아니라 사무실에서 첫사랑의 흔적을 간직한 얼굴을 만났다.

“채정아 씨, 전략팀에 새로 온 친구인데 인사 좀 하지!”

자료팀장의 말이 떨어지자, 정아는 석양이 비치는 창가 자리에서 천천히 일어나 고개를 돌렸다. 그녀는 가냘픈 몸을 추슬러 단정한 걸음으로 명석에게 다가왔다. 그때, 순간적으로 명석은 정아와 자신 둘만이 세상에 있는 듯한 착각에 빠졌다. 윤기 있는 긴 생머리가 걸음을 옮길 때마다 미세하게 흔들리는 것이 보였다. 그리고 풍덩 빠져버릴 것 같은 커다랗고 까만 눈동자가 점점 눈앞으로 다가오고 있었다. 시계가 거꾸로 돌아가 10년 전 그녀가 나타난 것만 같았다.

“안녕하세요? 채정아입니다.”

이윽고 그녀는 명석 앞에 멈춰 서서 살짝 보조개를 드러내며 인사를 했다. 명석은 숨이 턱 막혀 아무 말도 할 수 없었다. 온몸이 진공 상태로 텅 비어 버린 느낌이었다.

“최명석 대리는 영업팀이었는데 이번 달부터 전략팀에서 일하게 됐어. 정아 씨도 많이 도와주라고.”

명석이 멍한 상태로 아무 말도 하지 않자 자료팀장이 대신 소개를 해주었다. 혹시 인연이라는 것이 정말 있는 것일까? 정아는 최 대리의 첫 프레젠테이션을 도와주는 자료팀 파트너였다. 그녀는 여린 외모와 달리 일을 똑 부러지게 처리한다는 소문이었다.

"지난 번 프레젠테이션 준비하실 때 많이 도와드리지 못해 죄송해요. 자료 때문에 곤란을 겪으셨다는 얘기를 듣고 모두가 제 탓인 것 같아 내내 마음에 걸렸어요."

"저, 정아 씨 잘, 잘못이 아닙니다. 저, 전적으로 제가 부족했기 때문이에요. 전에 잘못했던 부분을 보, 보완해서 다시 프레젠테이션 할 계획이니까 거, 걱정하지 마세요."

정아는 이 남자가 왜 이렇게 말을 더듬나 하는 표정으로 잠깐 최 대리의 얼굴을 바라보다 이내 사무적인 말투로 되돌아왔다.

"저도 최 대리님이 다시 프레젠테이션을 준비한다는 얘기를 듣고 기뻤어요. 우선 지난번에 지적받은 자료부터 간단히 검토하죠. 이번에는 자료를 좀더 세밀하게 준비할 작정이에요. 필요한 자료는 미리 말씀해 주시고, 제가 일차 자료 수집을 끝내면 재검토도 해주세요."

최 대리는 정아와 일 때문에 마주앉아 대화를 한다고 생각하니 왠지 가슴 한구석이 쓸쓸해졌다. 하지만 꼼꼼하게 일을 챙기는 정아의 모습을 보고 다시 일에 집중해야겠다고 생각했다. 이번에는 정말 철저하게 준비해서 청중을 사로잡는 프레젠테이션을 해야겠다고 거듭 다짐했다.

눈이 뻑뻑한 느낌이 들어 최 대리는 고개를 들었다. 창밖에는 한

청중을 사로잡는 프레젠테이션

프레젠테이션을 하다 보면 청중이 발표자에게 집중하지 않는 경우가 있습니다. 이때, 발표자는 당황하게 되고 심지어 의욕마저 잃게 됩니다. 어떤 발표자는 청중의 관심을 끌기 위해 유머를 사용하기도 합니다. 물론 유머도 청중의 관심을 모으는 좋은 방법입니다. 하지만 유머가 아니더라도 다음의 다섯 가지 방법은 청중의 관심을 집중시키는 데 매우 유용합니다.

1. 가장 먼저 결론을 제시하라

서론 단계에서 프레젠테이션의 목적을 분명히 제시한다. 먼저 청중이 궁금해 하는 문제에 해답을 제시하면, 청중은 그 이유를 알고 싶어 다음을 기다리게 된다.

2. 청중이 얻게 될 이익과 입게 될 손실을 알려주라

발표 내용을 청중의 이익과 손실로 연결시켜야 한다. 청중이 프레젠테이션에서 알고 싶어 하는 것은 결국 '나에게 어떠한 이익이 있는가' 이다. 딴전을 피우던 청중도 자신의 이익과 결부된 내용이 나오면 눈빛이 달라진다.

3. 청중에게 질문을 하라

질문은 상대방이 적극적으로 행동하도록 자극하는 강력한 방법이다.

4. 청중의 감정을 자극하라

예를 들어 매출에 민감한 청중이라면 "매출 100억 달러 목표였는데, 50억 달러에 그쳤습니다"라고 지적한다. 특히 경쟁사에 예민하다면 "경쟁사인 A는 매출액 100억 달러를 달성한 반면, 우리 회사는 달성하지 못했습니다"라고 비교하는 것도 좋은 방법이다.

5. 프레젠테이션이 어디쯤 와 있는지 알려준다

발표자는 청중에게 지금 발표 내용이 전체 내용 중 어디쯤인지 알려주어야 한다. 지금이 서론, 본론, 결론 중에서 어디인지를 알려주어야 청중이 길을 잃고 헤매지 않게 된다.

강과 강변 빌딩이 어우러져 아름다운 야경을 이루고 있었다. 시계를 보니 벌써 9시 45분이다. 6시경에 자리에 앉아 컴퓨터에서 한 번도 눈을 떼지 않았던 것 같다. 온몸이 뻐근하다.

'학교 다닐 때 이렇게 공부했으면 여기서 이렇게 고생하지 않아도 되었을 텐데….'

학교에서는 공부 따로 생활 따로가 가능하지만, 회사에서는 업무 지식이 떨어지면 곧바로 사람들의 입방아에 오르내리기 십상이다. 동료나 부하직원은 물론 윗사람도 예외가 아니다.

'지금 너는 바로 그 도마 위에 올라가기 직전이야. 최명석! 넌 졸지에 영업부서를 대표하는 인물이 되었다고. 네가 이번에도 잘못하면 넌 옛 동료들의 얼굴에 먹칠을 하게 되는 거야. 정신 바짝 차려! 한가하게 야경이나 감상하고 있을 처지가 아니란 말이야. 더욱이 정아 씨를 두 번이나 실망시켜서야 되겠어?'

최 대리는 다소 느슨해지려고 하는 자신을 다시 한 번 다잡았다.

"최 선배, 퇴근 안 해?"

사장 비서실의 윤선영 대리였다.

"선영이 네가 이 시간에 웬일이냐?"

"사장 비서는 매일 일찍 퇴근하는 줄 알았어? 오늘 사장님 스케줄이 좀 늦게 끝났어. 요즘 날씨도 좋은데 매일 야근하는 게 우울해서 혹시나 하고 들러봤는데… 선배는 무슨 일이 그렇게 많아? 학교 후

배이자 입사 동기가 이렇게 힘들어하는데 좀 챙겨주고 그래야 하는
거 아냐?"

"어, 그래. 하긴 우리끼리 맥주 한 잔 한 지도 꽤 된 것 같다. 난 요
즘 프레젠테이션 준비하느라고 바빠."

"어? 어, 프레젠테이션!"

선영도 명석의 소식을 이미 들은 터였다.

"어제 나름대로 교육도 받았고 아침에는 고수의 격려까지 받아서
이제 무언가 할 수 있으리라고 기대했거든. 그런데 막상 자료를 만
들려고 파워포인트를 여니까 다시 처음처럼 막막해."

"교육은 뭐고 고수는 또 뭐야?"

"제이슨이라고 너도 알지? 나와 나이는 같은데 내가 봐도 멋진 사
람 같아. 일도 잘하고 주변 동료도 배려할 줄 알고 말이야. 이번에
발표 준비하면서 그 친구에게 많은 도움을 받고 있어. 어제만 해도
제이슨 소개로 프레젠테이션 교육을 받으러 갔다 왔지."

"제이슨이 프레젠테이션 잘하는 줄은 알지만, 동료애가 좋다는 이
야기는 처음 들어 보는 걸. 그 교육이라는 게 발표자(Presenter)의 용모
나 태도가 어때야 하고 파워포인트 자료 만드는 것 가르치는 그런
거 아냐?"

윤 대리는 최 대리가 설명하기도 전에 교육 내용을 알고 있다는
듯 말을 잘랐다.

"어? 선영이 너도 그 교육 받은 적 있어?"

"그렇게 일이 풀리지 않는데 제이슨한테 다시 물어보지는 않았어? 그 사람은 뭐라고 해?"

윤 대리는 오히려 질문을 퍼부었다. 냉정하고 차분한 이미지로 사내에서 얼음공주로 통하는 평소의 모습이 전혀 아니었다.

"그렇지 않아도 저녁 먹기 전에 제이슨에게 전화를 몇 번 했는데 연락이 되지 않아. 휴대전화에 문자랑 음성으로 메시지도 남겨 놓았는데 답이 없더라고."

윤 대리는 잠시 생각에 잠겼다. 그리고 이내 메모지를 한 장 떼어 무언가를 적더니 푹 가라앉은 목소리로 말했다.

"선배, 혼자서 그렇게 애태우지 말고 이 사람을 한 번 만나봐."

"길 선생? 길 선생이 누구야?"

최 대리는 전화번호와 윤 대리를 번갈아 보며 물었다.

프레젠테이션에도 달인이 있다

4월 20일 수요일

러시아워가 지났는데도 도로는 여전히 꽉 막혔다. 최 대리는 택시 안에서 어제 선영과 나눈 대화를 떠올렸다.

"길 선생님은 기획 전문 회사를 운영하고 계셔. 기업들을 대상으로 기획과 프레젠테이션 교육을 담당하는 회사야. 그 분… 전에 우

발표 기술

최 대리가 배운 프레젠테이션 발표 기술에 대해 윤 대리가 석연치 않은 반응을 보이고 있습니다. 과연 어떤 내용이기에 그러는 걸까요? 다음의 발표 기술 두 가지를 살펴봅시다.

1. 자료 구성의 기술

1) 압축하고 도식화하고 시각화한다

① 청중의 이해가 **빨라야** 한다.

② 청중의 흥미를 이끌어내야 한다.

③ 메시지가 청중의 기억에 오래 남도록 한다.

2) 효율적인 자료 구성의 법칙

① 한 슬라이드에는 한 가지 메시지만 담는다.

② 한눈에 전체가 보여야 한다.

③ 강조하는 내용이 분명해야 한다.

2. 발표 실행의 기술

1) 올바른 발표자의 모습

① 발표자가 지식, 경험 등에서 충분히 프레젠테이션을 할 자격이 있음을 알려주어야 한다.

② 발표자의 이미지를 청중의 정서에 맞추어야 한다. 복장, 태도, 말씨, 시선 처리 등이 청중과 조화를 이뤄야 한다.

2) 청중의 감정에 호응하라

① 발표를 통해 청중의 체면을 상하게 해서는 안 된다.

② 청중이 비이성적으로 나올 경우 대응을 삼가야 한다.

리 회사에 계실 때 기획과 프레젠테이션으로 명성이 자자했어. 특히 프레젠테이션에 탁월해서 프레젠테이션의 달인이라고 불렸을 정도야. 회사에 꼭 필요한 분이셨는데…."

선영이 말끝을 흐리며 표정이 어두워지는 걸 보니 퍽 가까운 사이였던 것 같았다.

"이야, 그런 분에게 지도를 받게 되다니 영광이네. 고맙다, 선영아. 하하!"

최 대리는 분위기를 바꾸어 보려 웃음을 지어 보였다.

"그래, 선배. 바람둥이 제이슨보다는 훨씬 도움이 될 거야."

"바람둥이? 제이슨이 바람둥이라는 소문이 있어?"

"그럼. 선배가 하는 이번 프레젠테이션 건만 해도 자료팀에서 서로 하려고 지원했잖아. 사실 이번 프레젠테이션은 윗분들 주목을 많이 받는 건이라 아무도 하려고 하지 않았다고. 그런데 처음에 제이슨이 프레젠테이션을 준비한다는 이야기를 듣고 여자 사원들이 서로 하려고 했다가 정아 씨가 하게 된 거지. 결국 선배가 대신 프레젠테이션을 맡게 되었지만."

최 대리는 내심 충격이 컸지만 마음을 가다듬고 다시 한 번 확인을 해보았다.

"정아 씨도 그런 이유 때문에 지원한 거야? 내가 보기에 정아 씨는 그렇게 마음을 쉽게 줄 사람 같지 않아 보이던데…."

"글쎄…? 제이슨이 회식 끝나고 나면 집에 바래다주고, 출장 갔다

오면 선물 사주고 하니까 정아 씨 마음이 흔들렸을 수 있지.”

선영은 짐짓 발을 빼 듯 말했다.

“그런데 문제는 제이슨이야. 사귈 마음도 없으면서 정아 씨뿐 아니라 이 여자 저 여자에게 과도한 친절을 베풀어서 여자들 마음을 애타게 하고 있거든. 그러니 바람둥이가 아니고 뭐겠어?”

최 대리는 선영도 마음의 상처를 입은 여자 중 한 명이라는 생각이 들었다. 그런데 정아마저 그렇다니! 최 대리는 갑자기 마음이 허탈해졌다.

약도가 세밀하고 구체적이라 길 선생의 사무실은 쉽게 찾을 수 있었다.

“길준영이라고 합니다. 선영이에게 최명석 대리 이야기는 많이 들었습니다.”

“선생님! 저보다 한참 입사 선배라고 들었습니다. 말씀 편하게 하십시오.”

“하하 그럴까? 내가 원래 말 편하게 하는 걸 좋아하긴 하지. 그나저나 자네가 보내온 프레젠테이션 자료는 오늘 아침에 훑어보았네. 제이슨 소개로 받았다는 교육 자료도 보았고.”

“제이슨을 알고 계신가요?”

“내가 그 친구 신입사원 때 사수였으니 당연히 잘 알지. 그건 그렇고 처음 프레젠테이션을 했을 때 어땠는지 좀 자세히 설명해 보게.”

"그때의 상황이 어땠냐면요…"

길 선생은 눈을 지그시 감고 가끔 고개를 끄덕였다. 이윽고 최 대리의 설명이 끝나자 길 선생은 대뜸 이렇게 물었다.

"최 대리는 프레젠테이션이 무엇이라고 생각하나?"

'프레젠테이션은 무엇인가?' 마치 시험 문제 같은 이 질문에 최 대리는 잠시 머뭇거리다 대답했다.

"프레젠테이션은 발표자가 청중을 대상으로 파워포인트와 프로젝터 등 매체를 이용하여 미리 정한 내용을 설명하는 것이라고 생각합니다만."

마치 그런 대답이 나올 줄 알았다는 듯, 길 선생은 곧바로 다음 질문을 던졌다.

"좋아. 그렇다면 내용에 대한 설명은 왜 하는 거지?"

"그야, 발표자가 자신이 알고 있는 내용을 청중에게 이해시키려고 하는 거죠."

"그래! 그렇다면 이해를 시키고 난 다음에는?"

"글쎄요. 이해를 시키면 된 거 아닌가요? 자신이 알고 있는 내용을 발표를 통해 이해시키면 프레젠테이션의 목적을 달성한 거 아닙니까?"

"물론 그렇게 생각할 수도 있지. 하지만 왜 이 문제에 대해 미래전략팀이 임원들을 대상으로 발표를 하게 되었을까?"

"그야 수요 예측 방법에 대해서는 우리 부서 사람들이 전문가라고 판단해서가 아닐까요? 임원들이야 뭐 회사의 굵직한 문제만 생각하시는 분들이니까 자세한 내용까지 충분히 파악하지 못했을 테고. 그래서 우리에게 설명을 요청하는 것 아닐까요?"

"하하, 글쎄… 최 대리 말대로라면 외부 전문가를 초청해 프레젠테이션을 듣는 편이 더 나을 수도 있을 것 같은데 말이야."

"글쎄요… 그렇게 말씀하시니 갑자기 저도 궁금해지는군요."

"우선 최 대리가 생각하고 있는 프레젠테이션 모델을 내 나름대로 정리해 보겠네. 최 대리는 발표자가 어떤 정보 재료를 가지고 발표 내용인 메시지를 만든다고 생각하고 있네. 발표자의 메시지는 파워포인트 등으로 문서화되고 발표자의 말과 함께 프로젝터 등의 보조 매체를 이용해 청중에게 전달되지."

"맞습니다. 누구나 다 그렇게 하지 않나요?"

무언가 색다른 설명을 기대했던 최 대리는 내심 실망했다.

"그렇지. 누구나 그렇게 하고 있지. 그리고 최 대리는 그것을 '발표자가 미리 정한 내용을 청중에게 설명하는 것'이라고 정의한 거야. 발표자가 이렇게 프레젠테이션을 하면 청중은 프레젠테이션의 내용을 전달받게 되지. 발표자의 내용이 청중에게 충실히 전달되었다면 발표자는 프레젠테이션을 성공했다고 생각하겠지. 이번에 최 대리가 임원들 앞에서 목표로 했던 프레젠테이션이 이런 것이었다고 생각하는데…."

"네, 정확합니다. 체계적으로 잘 설명하셨네요."

최 대리는 '간단한 얘기를 어쩌면 저렇게 길게 늘어놓을까' 하고 속으로 코웃음을 쳤다.

"최 대리의 프레젠테이션은 '전달형 혹은 이해시키기형 프레젠테이션'이야. 이런 것은 학술 발표에는 어울릴지 모르지만 우리 같이 특정 청중을 대상으로 하는 프레젠테이션에는 적절하지 않네."

"그렇다면 우리에게 맞는 프레젠테이션은 어떤 것입니까?"

최 대리는 길 선생이 '우리'를 유난히 강조하는 것을 흉내 내며 익살스럽게 질문했다.

"우리 같은 비즈니스맨에게 필요한 프레젠테이션은 바로 '설득형 프레젠테이션'이라네."

청중의 마음속으로 들어가라

"**설**득형이라뇨? 누가 무엇을 설득한다는 말입니까?" 길 선생은 최 대리의 질문에 곧바로 대답하지 않았다.

"최 대리, 임원들은 회사에서 가장 바쁜 사람들이야. 그런 사람들이 외부 전문가가 아니라 최 대리에게 프레젠테이션을 주문한 이유가 뭘까?"

"그러고 보니 저도 좀 궁금해지네요."

"설득형 프레젠테이션을 설명하기에 앞서 먼저 그 질문에 대한 답을 해야 할 것 같군.”

최 대리는 자신도 모르게 상체를 길 선생 쪽으로 기울였다.

“임원들은 단순히 이론적인 설명을 듣고자 프레젠테이션을 주문한 게 아니네. 임원들은 전달형 프레젠테이션을 가장 싫어하지.”

“왜 전달형 프레젠테이션을 싫어하는 거죠?”

“임원들, 아니 프레젠테이션에 참석한 청중은 대부분 시간이 촉박하고, 복잡하고 분석이 요구되는 문제에 직면해 있는 사람들이네. 그런 문제들은 대개 기존의 경험적 지식과 전문가의 이론으로는 해결되지 않는 것이지. 최 대리가 무대에 설 수 있었던 것은 자네가 그러한 문제를 해결해줄 수 있으리라 기대했기 때문이지.”

최 대리는 약간 억울한 생각이 들었다.

“하지만, 선생님! 저도 우리 회사의 문제를 해결하는 방안을 제시하고자 프레젠테이션을 한 겁니다. 저는 영업부 출신이라 수요 계획에 대한 문제는 누구 못지않게 이해하고 있어요. 더욱이 이번 발표를 위해 우리 회사 수요 계획 실태에 대해 충분한 자료 조사도 했고요! 비록 제이슨의 자료를 많이 사용하긴 했지만 나름대로 적절한 방안이라고 판단해서 프레젠테이션 한 것입니다!”

길 선생은 최 대리가 약간 흥분했다는 생각이 들었는지 억양을 다소 누그러뜨리며 대답했다.

“아, 오해하지 말게. 최 대리가 잘못했다는 것이 아니니까. 다만 나는 프레젠테이션에 접근하는 방향이 바뀌어야 한다는 것을 얘기

프레젠테이션을 성공으로 이끄는 비결, 설득 프레젠테이션

W사의 김 과장은 땀을 뻘뻘 흘리며 1시간에 걸친 프레젠테이션을 끝냈습니다. 무려 한 달 동안 10명의 팀원이 밤잠을 설쳐가며 준비해 온 것입니다. 이제 청중의 반응을 기다릴 차례입니다.

1. 청중의 반응은?

1) "이미 우리도 알고 있는 내용입니다."

2) "무언가 새로운 것을 기대했는데 아쉽군요."

3) "교과서적인 얘기뿐이로군요."

4) "재미있게 잘 들었습니다. 그런데 지금 우리에게 필요한 얘기는 없군요."

5) "그건 우리가 현재 겪고 있는 문제가 아니오."

6) "문제의 초점을 잘못 맞추었군요."

7) "그래서요(So What)? 무얼 어떻게 하라는 겁니까?"

청중에게 이런 반응이 나올 때의 심정은 느껴본 사람만이 알 것이다.

2. 왜 실패했을까?

그렇게 열심히 준비했는데…. 해답은 '설득 프레젠테이션'에 있다.

3. 설득 프레젠테이션이란?

1) 프레젠테이션을 발표자가 자신이 알고 있는 내용을 청중에게 전달하는 과정이라고 이해하는 것은 '전달 프레젠테이션'이다. 김 과장은 전달 프레젠테이션을 했기 때문에 실패했던 것이다.

2) 설득 프레젠테이션은 발표자가 해답을 제시함으로써 청중을 설득해 청
중의 문제를 해결하는 프레젠테이션이다.

4. 왜 설득 프레젠테이션인가?

비즈니스 프레젠테이션에서는 청중이 설득형 프레젠테이션을 원하기 때
문이다.

하는 거네."

"무슨 말씀이죠?"

"문제의 요점은 바로 거기에 있어. 최 대리는 나름대로의 정보 자료와 경험을 바탕으로 문제를 정의하고 해결책까지 제시했지. 그런데 왜 임원들은 최 대리의 프레젠테이션을 외면했을까?"

"그건… 임원들이 이미 수요 계획에 대해 사전 지식이 있었던 데다 제가 데이터 조사를 충분히 하지 않아 그랬던 것 같습니다."

"물론 그런 면도 있지. 하지만 진짜 원인은 최 대리가 임원들의 의견을 충분히 파악하지 못한 데 있네. 임원들은 수요 계획에 대해 나름대로 어떤 의견이 있을 것이고, 그 의견에 근거해 회사의 수요 계획에 문제가 있다고 느끼는 거란 말이지."

길 선생은 잠시 호흡을 가다듬더니 말을 이어갔다.

"발표자가 가장 먼저 해야 할 일은 이처럼 청중의 의견을 파악하는 거야. 그래야만 왜 임원들이 현재의 수요 계획을 문제라고 생각하는지 또한 그 문제를 어떻게 풀다가 난관에 부딪혔는지를 알게 된다네. 최 대리는 청중이 아니라 발표자의 의견을 바탕으로 문제를 파악했기 때문에 난관에 부딪힌 걸세."

최 대리는 숨을 죽이고 길 선생의 이야기에 귀를 기울였다.

"발표자는 청중의 의견에 비추어 문제를 파악하고 대안을 제시하고 설득을 해야 해. 이것이 바로 설득형 프레젠테이션이네."

"설득형 프레젠테이션이라…"

최 대리는 길 선생이 힘주어 강조한 설득형 프레젠테이션이라는
말을 되새김해 보았다.

어떻게 전달할 것인가, 무엇을 전달할 것인가

4월 20일 수요일

大 회의실은 거의 꽉 차 있었다. 강 상무가 전략팀 전체 회의를
소집했던 것이다. 빈자리라고는 강 상무 바로 앞쪽의 한두
자리뿐이었다. 앞자리로 가자니 사람들의 시선이 느껴져 최 대리는
몹시 거북했다.

"전략팀 여러분! 지금 우리는 국내외적으로 어려운 경영 환경에
놓여 있습니다. 유가, 환율 그리고 장기적인 내수 침체 등 어느 것
하나 호재가 될 만한 소식이 없습니다. 전략팀 여러분, 이 치열한 경
쟁 환경 속에서 살아남기 위해 우리가 어떻게 해야 되겠습니까? 그
해답은 바로 혁신 또 혁신하는 방법밖에 없습니다. 그리고 오늘…"

부임 이후, 가는 곳마다 혁신을 강조해 '혁신의 전도사'라는 별명
을 얻은 강일도 상무는 오늘도 역시 혁신을 강조하며 팀원들에게 혁
신적인 아이디어를 많이 내놓을 것을 당부했다. 하지만 최 대리는 길
선생과 나눈 대화를 골똘히 생각하느라 연설에 집중할 수 없었다.

"설득형 프레젠테이션에서 기초가 되는 것은 발표 기술이 아니네."

길 선생은 최 대리가 설득 프레젠테이션에 대해 어느 정도 이해했다고 생각하자, 곧바로 발표 기술을 비판하기 시작했다.

"그게 무슨 말씀이죠?"

"발표 기술은 설득형 프레젠테이션이라는 전체 빙산의 일각일 뿐이라는 얘기야. 정말로 프레젠테이션을 잘하려면 빙산의 일각만 잘 아는 것으로는 당연히 부족하지 않겠나?"

"그러면 빙산의 몸통은 무엇인가요?"

"프레젠테이션의 성공은 내용을 구성하는 능력, 그러니까 프레젠테이션 기획 능력에 있네. 그것이 바로 보이지 않는 프레젠테이션의 몸통이지."

"프레젠테이션 기획 능력… 이요?"

길 선생의 목소리와는 대조적으로 최 대리의 목소리는 작아져만 갔다.

"사실 프레젠테이션은 청중의 문제를 발표자가 해결해 가는 과정의 일부일 뿐이야. 우리는 보통 1시간 정도의 프레젠테이션 발표 시간이 프레젠테이션의 전부라고 착각을 하지. 사실은 그 1시간을 위해 얼마나 그리고 어떻게 잘 프레젠테이션을 기획했는가가 중요한 거야. 한마디로 좋은 기획이 좋은 발표를 결정한다는 뜻이지. 그런데 자칫 발표 기술에 얽매이다 보면 정작 중요한 청중의 문제해결은 뒷전에 두게 되네."

"하지만 저는 발표 기술도 청중을 설득하는 데 큰 도움을 준다고 생각해요. 이왕이면 다홍치마라고 발표자의 깔끔한 용모나 매끄러운 발표 진행 솜씨가 더욱 설득력 있는 것이 사실이니까요. 똑같은 메시지라도 더 멋있는 그림으로 표현하면 청중에게 전달도 더 잘될 뿐더러 설득력도 있어 보이는 것은 인지상정 아닐까요?"

최 대리는 모처럼 열을 내며 반론을 펼쳤다. 길 선생은 부리부리한 눈을 껌벅껌벅하며 잠시 최 대리의 얼굴을 바라보았다.

"맞아. 발표 기술은 분명 프레젠테이션을 더 잘할 수 있게 해주는 효과가 있지. 나도 그 점을 부정하는 것은 아니네. 내가 얘기하고자 하는 것은 어떻게(How) 할 것인가가 아니라 무엇을(What) 할 것인가를 먼저 고민하라는 뜻이네."

"그렇다면 무엇(What)이 기획 기술이고 어떻게(How)가 발표 기술이라는 말인가요?"

길 선생은 빙그레 미소를 띠고 고개를 끄덕였다.

"프레젠테이션을 준비할 때는 순서가 중요하네. 먼저 기획을 마친 후 어떻게 발표할 것인가를 준비해야 하지. 그런데 최 대리는 지금 어떻게 발표할 것인가를 먼저 고민하고 있으니 앞뒤가 맞지 않아 진행에 어려움을 겪는 것일세."

'발표 기술은 정말로 프레젠테이션이라는 빙산의 일각에 지나지 않는 것인가? 제이슨은 그 빙산의 일각이 전체 프레젠테이션의 기초가 된다고 하지 않았던가! 대체 누구 말을 어디서 어디까지 믿어

프레젠테이션 성공을 위한 체크 포인트

여러분은 성공적인 프레젠테이션을 위해 무엇이 가장 중요하다고 생각합니까? 사람들은 보통 프레젠테이션을 잘하려는 의도로 발표 자체에 집중하는 경향이 있습니다. 그러나 성공적인 프레젠테이션을 위해서는 청중 앞에서 발표를 잘하는 것도 중요하지만, 이에 앞서 어떻게 준비하느냐도 매우 중요합니다.

프레젠테이션 키포인트

준비(기획)
- 청중의 문제를 정확히 알아야 한다(상황 판단).
- 문제에 대해 명확한 해답이 있어야 한다(메시지).
- 메시지는 이해하기 쉽고 인상 깊게 표현 및 전개되어야 한다(배열과 표현).
- 논리와 근거가 있어야 한다(설득력).

발표
- 청중이 이해하기 쉽도록 자료를 구성한다.
- 청중의 감정에 호응해야 한다.
- 복장, 태도, 시선 처리 등이 호감을 줄 수 있어야 한다.

야 하는 걸까? 다시 한 번 정리해 보자. 제이슨은 프레젠테이션의 기초인 발표 기술을 먼저 익혀야 한다는 것이고, 길 선생은 기획 기술이 먼저라는 입장이란 말이지. 그래, 누구의 의견이 맞느냐를 떠나 솔직히 두 가지 기술 모두 필요한 것 같아. 문제는 어떤 것이 먼저냐 하는 것이지!'

"발표 기술이 먼저냐! 기획 기술이 먼저냐! 이것이 문제로다."

최 대리는 생각에 몰두한 나머지 자신도 모르게 독백을 쏟아냈다. 그 순간, 모든 사람의 시선이 최 대리에게 쏠렸다. 마침 강 상무가 잠시 말을 멈추고 호흡을 가다듬고 있는 사이였기 때문이다. 회의장에는 싸늘한 침묵이 흘렀다.

"혁신 기술이 문제겠지요. 최명석 대리?"

강 상무가 농담을 던지며 어색한 침묵을 깼다. 순간 좌중엔 웃음이 터져 나왔다. 명석은 부끄러움에 고개를 돌리다 화난 표정으로 얼굴을 실룩거리는 김 부장과 눈이 마주쳤다.

기획의 첫 걸음

"**자**네 대체 왜 이래!"

회의가 끝나자마자 최 대리는 김 부장의 자리로 불려갔다. 김 부장은 아직도 실룩거리고 있었다.

"죄송합니다. 저도 모르게 그만….”

“프레젠테이션을 개판으로 만들어놓은 것까지는 좋다 이거야. 그래서 교육이다 뭐다 쏘다니는 것도 그렇다 쳐. 아침에 쪽지 한 장 턱 날리고 어디 갔다 온 것까지도 내가 뭐라 하지 않겠어. 그런데! 감히 강 상무님 앞에서 엉뚱한 소리나 해대고 말이야! 전에 있던 영업팀에서는 임원이 얘기하는데 듣지도 않고 그렇게 잠꼬대를 해도 괜찮았나?”

“저, 부장님. 그게 아니라… 프레젠테이션 준비를 어떻게 할지 고민하다 그만….”

“좋아, 잔소리 말고 다음 주 화요일 오전까지 발표 자료 나한테 보내. 이번에는 내가 준비한 것을 미리 검토할 작정이니까 말이야. 알겠습니까? 명석, 명석, 최명석 대리님?”

“네… 알겠습니다.”

자리로 돌아온 최 대리는 한숨부터 새어나왔다. 가뜩이나 짧은 마감 시간이 금요일에서 화요일로 사흘이나 더 당겨진 꼴이 되었기 때문이다.

‘더 이상 고민하고 있을 시간이 없다. 먼저 프레젠테이션을 기획하는 것으로 방향을 잡자.’

둘 다 필요한 것이라면, 기획을 먼저 하는 것이 순서라는 생각이 들었다. 발표 기술을 향상시키는 것은 기획을 하면서 병행할 수 있지만, 기획은 지금부터 해도 촉박했기 때문이다.

이제 먼저 해야 할 일은 결정됐다. 그것은 길 선생이 강조했던 기획 기술의 첫 단계, 즉 청중을 파악하는 것이다. 그런데 최 대리에게 청중은 다름 아닌 임원들이 아닌가! 청중의 마음을 읽기 위해서는 우선 그들을 만나야 한다는 생각이 들었다.

최 대리는 임원들과의 인터뷰를 준비하기 위해 부지런히 움직였다.

"최 대리님, 바쁘신 것 같네요. 아침에도 자리에 안 계시던데…."

정아는 서류뭉치를 들고 최 대리에게로 다가왔다.

"프레젠테이션 준비 때문에 누, 누굴 좀 만나고 오느라고요."

"아, 네. 저 다름이 아니라 제가 오전에 메일로 자료를 보냈거든요. 검토 좀 해주시겠어요?"

일이 힘든 것일까? 웬일인지 정아는 얼굴빛이 좋지 않았다.

"그랬군요. 아, 아직 보지 못했습니다. 죄송합니다. 그런데 제, 제가 어떤 것을 검토해야 하는 거죠?"

"자료 방향이 최 대리님 프레젠테이션 준비 내용에 적절한지 확인해 주세요. 가능하면 빨리 회신해 주세요. 그래야 제가 바로 보완해 드릴 수 있어요."

"네, 네. 알겠습니다."

정아가 가기 전에 무슨 말이든 더 하고 싶었지만, 최 대리는 말은커녕 얼굴이 화끈거려 대답도 온전히 하지 못했다.

'정아 씨, 자료 조사 하느라 힘드셨죠? 이런 것은 너무 상투적인

프레젠테이션의 기획 기술 5단계

이제, 길 선생에게 배운 기획 기술에 따라 프레젠테이션의 기술을 살펴보겠습니다.

1. 청중을 파악하라

1) 청중을 파악한다는 것은 청중의 문제를 찾는 것이다.

2) 문제 파악의 3단계 기술(자료 조사 → 현장 파악 → 검증)

2. 해답을 찾아라(해답 찾기의 3가지 기술)

1) 분석적 방법: 문제의 원인과 결과를 따져보는 방법이다. 끊임없이 '왜?'라는 질문을 해보고 해결책을 찾는다.

2) 창의적인 발상의 전환: 논리적인 방법으로 문제가 풀리지 않는 경우에는 아이디어가 필요하다. 지금까지와 전혀 다른 시각으로 문제를 바라볼 때 해답을 찾을 수 있다.

3) 지식 데이터베이스 활용: 때로는 내가 고민했던 문제를 이미 남이 풀어놓은 경우가 있다. 한 사람의 경험과 지식의 한계를 넘는 길은 남의 지혜를 자기 것으로 만드는 것이다.

3. 메시지로 구성하라

1) 문제에 대한 해답을 찾았다면 이를 메시지로 만들어야 한다.

2) 메시지는 배열과 표현의 미학을 살려야 한다.

4. 증명하라

1) 메시지 구성을 마친 다음에는 메시지를 증명해야 한다.

2) 증명은 논리와 사례를 통해 해야 한다.

5. 질문을 준비하라

1) 기획의 마지막 단계는 질문을 준비하는 것이다.

2) 질문 준비의 두 가지 원칙은 첫째, 훈련을 통해 순발력을 기르는 것.
   둘째, 다양한 관점과 형식으로 문제를 파악하는 것이다.

청중 이해 기술 3단계

프레젠테이션 기획의 첫걸음은 청중을 이해하는 데 있습니다. 청중의 의견이 무엇인지 그리고 그 의견에 비추어 문제를 어떻게 보고 있는지 파악해야 합니다. 물론 청중의 마음속에 들어가 보는 것이 쉬운 일은 아닙니다. 그러면 최 대리는 어떻게 청중을 이해하고 파악하려 하는지 따라가 보겠습니다.

1단계	2단계	3단계
자료 조사	현장 파악	검증
(정아가 돕는 일)	(최 대리 준비 중)	

1. 자료 조사

청중이 속한 회사에 대한 정보, 유사 회사 정보, 회사 내부 자료, 비슷한 사례 등 객관적 자료를 조사한다. → 정아가 도와주고 있음.

2. 현장 파악

인터뷰나 질문지를 통해 현장 정보를 수집한다. 경영자와 실무자 등 청중 자신이나 청중과 관련된 사람들의 의견을 직접 듣는다. → 최 대리가 인터뷰를 준비하고 있음.

3. 검증

청중의 편견, 일반적인 정보의 오류를 찾아낸다. 검증은 다시 다음의 3단계를 거치게 된다. 자료 및 현장 정보 정리 → 분석 → 판단 → 최 대리가 최종적으로 결정함.

가? 분홍색 니트가 잘 어울리시네요. 이것도 좀 그리네. 어휴! 답답하다, 최명석!'

정아의 등장으로 잠시 혼란스러웠던 최 대리는 시계를 보자 정신이 번쩍 들었다. 어느새 4시, 퇴근 시간이 가까워지고 있었다. 마음 같아서는 정아가 부탁한 일을 먼저 하고 싶었지만 임원 인터뷰가 더 급했다.

최 대리는 윤 대리에게 도움을 청했다. 선영은 임원들 담당 비서의 이름과 전화번호를 보내왔다.

"메일에 첨부로 목록 보냈어, 선배! 비서들에게 일정 체크해서 인터뷰 시간 예약해 봐."

"고맙다, 선영아. 다음에 내가 밥 한 번 살게."

'선영이랑 이야기할 때는 아무 거리낌 없이 편하게 말을 잘하는데 말이야….'

아군과 적군 사이에서

정아는 일이 손에 잡히지 않았다. 어제 오후까지만 해도 정아는 열심히 자료를 수집했다. 하지만 제이슨에게 전화가 오면서부터 일이 어긋나기 시작했다.

"정아 씨, 오랜만이에요."

제이슨의 목소리를 듣는 순간, 정아는 억누르려 해도 숨이 가빠오는 것을 어쩔 수가 없었다.

제이슨과는 신입사원 시절에 첫 프레젠테이션을 준비하면서부터 알게 되었다. 그 프레젠테이션이 성공적으로 끝난 어느 날, 우연히 영화 시사회에 함께 가게 되면서 둘은 더욱 가까워졌다. 그래도 처음에는 그저 동료 사이였을 뿐이었다. 그러다가 제이슨이 좋은 시나글을 가끔 사내 메일로 보냈을 때 정아가 열심히 답장을 하며 둘 사이에 메일 교환이 잦아졌고, 차츰 주말에 놀이공원을 가거나 맛있는 음식점을 찾아 저녁을 먹는 사이로 발전했다. 정아는 처음으로 사랑이 주는 설렘을 느꼈다. 그러다가 제이슨이 작년 연말에 유럽 출장에서 돌아온 후 정아에게 향수를 선물했다. 바로 그것이 문제였다. 사내 여직원들 사이에 정아와 제이슨에 대한 소문이 빠른 속도로 퍼져나갔던 것이다.

이제 막 시작하려는 찰나에 소문이 퍼지자 정아는 물론 제이슨도 상당히 당황했다. 특히 제이슨은 주변 사람들에게 정아와의 관계를 극구 부인했다. 그저 가까운 동료로만 생각할 뿐이라고 강조했던 것이다. 제이슨은 정아와의 만남은 물론, 메일이나 전화로 연락하는 것도 피했다.

반대로 정아는 제이슨이 멀리하면 할수록 집착하는 마음이 커졌다. 하루에도 몇 통씩 메일을 보내고 문자를 남기고 전화를 했다. 하지만 제이슨은 아무런 반응도 보이지 않았다. 그러던 중, 제이슨이 윤선영 대리에게 접근하려 한다는 소문이 퍼졌다. 정아는 더 이상 참지 못하고 제이슨이 발표하는 프레젠테이션에 자료팀원으로 지원했다. 하지만 얄궂게도 발표자는 최 대리로 바뀌었고, 제이슨은 중국으로 장기 출장을 가버렸다. 이후, 정아는 제이슨을 정리해야겠다고 모질게 마음먹던 참이었다.

그런데 어제 제이슨이 전화기 건너편에서 자신의 이름을 부르자, 반갑고 서러운 마음에 가슴이 북받쳤다.

“그동안 잘 지내셨어요, 정아 씨?”

“네, 그럭저럭….”

간신히 마음을 수습하고 정아는 간단하게 대답했다.

“저, 저… 많이 바쁘시죠?”

“그냥, 그래요.”

정아는 주저하는 제이슨을 보고 짧은 순간이지만 별의별 생각을 다했다.

‘혹시 자신에게 냉정하게 대했던 것을 사과하려는 것일까? 다시 옛날로 돌아가자고 하면 뭐라고 말하지? 제이슨도 나를 보고 싶어 했을까? 윤 대리하고의 소문은 오해라고 달래주지 않을까?’

“저… 최명석 대리 프레젠테이션 자료를 정아 씨가 준비하고 있다면서요?”

“네? 아, 네….”

정아는 실망을 감추고 조용히 대답했다.

"제가 프레젠테이션 자료를 준비해 놓은 게 있거든요. 그 프레젠테이션 사실은 제가 하기로 했던 거라서…."

"저도 나름대로 잘 준비하고 있어요. 제이슨의 도움은 필요 없습니다."

정아는 애써 냉정한 목소리로 대답했다.

"네. 잘 준비하고 계시겠죠. 그래도 정아 씨가 제 자료를 써주었으면 합니다. 사실 저, 그 프레젠테이션에 굉장히 기대를 걸고 있었거든요. 그래서 나름대로 공을 들여 자료를 준비했는데 그것이 빛을 못 보고 사라진다면 많이 아쉬울 것 같아요."

"하지만 같은 프레젠테이션팀도 아닌데 다른 사람에게 자료를 받는 것은 규정상 금지되어 있어요."

제이슨이 간곡한 어조로 부탁을 하자 정아의 마음도 어느새 조금씩 약해지고 있었다.

"규정이 문제라면 제가 정아 씨 상사께 말씀드리겠습니다. 이미 김 부장님께는 말씀드린 상태고요."

"그렇게까지 하신다면 뭐… 제 입장에서는…"

"참, 정아 씨 아버님 중국 술 좋아하신다고 하셨죠? 제가 다음 달 귀국할 때 드리려고 백주 3병 세트로 준비해 두었어요."

"어머, 일부러 그러지 않으셔도 되는데…."

"그럼, 자료는 제가 준비한 것을 최 대리에게 주는 걸로 알고 있겠습니다. 정아 씨, 그럼 다음 달에 한국에서 만나요.”

정아의 말끝이 흐려지고 있는 것을 눈치 챈 제이슨은 기회를 놓치지 않고 못을 박아 버렸다.

제이슨은 즉시 자료를 보내왔다. 업무 규정에 어긋나는 것을 감안했는지 김성기 부장에게도 참조로 보내 짤막하게 양해를 구했다. 그리고 정아에게는 자료에 대해 최 대리의 검토를 받아달라는 요청까지 덧붙였다. 물론 제이슨이 보냈다는 사실은 비밀로 해달라는 단서를 붙였다. 명목상으로는 규정에 맞지 않고 혹시 최 대리가 불쾌하게 생각할 수도 있다는 것이 이유였다.

그런데 정아가 제이슨 자료를 검토해 본 결과, 지나치게 한쪽 주장에만 유리한 자료들뿐이었다. 수요 예측을 혁신의 관점에서 받아들여야 한다는 주장 아래 유명 기업의 사례들이 여러 개 포함되어 있었다. 하지만 정아가 그동안 찾아본 자료를 보면 그런 사례들만 있는 것은 아니었다. 오히려 무리하게 수요 예측 혁신을 강조하고 혁신 시스템을 도입한 후 실패한 사례들이 많았다.

정아는 밤늦게까지 자료팀에 남아 고민했다. 그러다가 결국 제이슨이 보내온 자료를 최 대리에게 보냈다. 왠지 그래야만 할 것 같았다. 처음으로 마음을 준 제이슨에 대한 미련은 생각처럼 쉽게 지워지지 않았다.

최 대리가 인터뷰 질문서를 어떻게 작성할 것인가를 고민하고 있을 때였다. 컴퓨터 하단에 새로운 메일이 도착했다는 메시지가 깜박였다. 윤 대리가 보낸 쪽지 메일이었는데 임원들의 한 달간 일정표가 첨부되어 있었다.

선배, 좋지 않은 소식이야. 첨부에 있는 표를 보면 알겠지만 강 상무와 허 상무 말고 나머지 임원들은 다음 주까지 출장인 분들이 많네. 오늘 비서들에게 전화해서 미리 약속을 잡아야 할 것 같아. 귀국하면 바로 인터뷰할 수 있게. 그럼 선배, 수고해!

정아는 저녁 약속 때문에 서둘러 사무실을 나서려 했다. 컴퓨터를 끄고 나서려는데, 김성기 부장이 보낸 메일이 도착해 있었다. 정아는 그냥 갈까 하다 왠지 꺼림칙해서 메일을 열어보았다. 그동안 김 부장이 자신에게 메일을 보낸 적도 없고 보낼 일도 없었기 때문이다.

제이슨, 중국에서 고생이 많지? 일도 바쁠 텐데 내 부탁까지 들어주어 정말 고맙네. 자료는 부탁했던 대로 충분한 분량이더군. 그 어리버리한 최 대리가 그걸 소화하려면 아마 며칠은 걸릴 거야. 내용도 우리가 원하는 대로 잘 정리되었더군. 하여튼 자네 능력은 알아줘야 해. 최 대리에게 우리 입맛에 맞는 자료만 골라서 어떻게 전달하나 고민했는데 그걸 이렇게 간단히 해결하는 걸 보니 말이야. 그 정아인가 하는 자료팀 여직원은 언제 그렇게 손을 써놓았던 거야? 하하. 아무튼 우리의 꽃미남 작전이 멋지게 성공한 것 같아! 상무님도 기뻐하실 거라 믿네. 그럼 수고하고. 또 연락함세.

정아는 얼굴이 화끈거리고 심장이 두근거렸다. 아마도 김 부장이 제이슨에게만 보낸다는 것이 전체 답장을 선택해서 정아에게도 메일이 잘못 온 것 같았다. 하지만 그런 것이 문제가 아니었다. 수치심과 배신감, 이용당했다는 데서 오는 분노 등 온갖 감정이 한꺼번에 몰려와 어지럽기까지 했다.

무엇보다 참을 수 없는 것은 자신에 대한 모멸감이었다. 제이슨이 예전처럼 따뜻한 말투로 부탁을 하자 다시 시작할 수 있을지도 모른다는 설렘에 잠시나마 들떴던 자신이 한없이 미워지기 시작했다.

정아는 부르르 떨리는 손으로 사내 메일에 있는 제이슨의 중국 연락처를 찾아 전화를 걸었다. 하지만 몇 번을 시도해도 답이 없었다. 정아는 모두가 퇴근한 사무실에 홀로 남아 오래도록 자리를 떠나지 못했다.

2장

성공적인 프레젠테이션의 열쇠

Presentation master

프레젠테이션에서 청중을 설득하려면 반드시 설득하려는 메시지에 '왜냐하면'이라는 이유가 포함되어야 한다. 이 '왜냐하면'의 뒤를 채우는 것이 바로 논리와 사례를 통한 증명이다.

악몽을 이겨야 현실이 보인다

김 부장이 씩씩거리며 최 대리의 얼굴에 서류를 휙 내던졌다. 그리고는 프레젠테이션 자료가 쓰레기라며 고래고래 고함을 질러댔다. 최 대리가 흩어진 자료를 주우려 허리를 굽히자 김 부장은 "흥, 고릴라 새끼가 따로 없군" 하고 놀려댔다. 언제 왔는지 제이슨과 정아 그리고 윤 대리까지 김 부장 뒤에서 큰 소리로 웃어댔다. 최 대리는 고개를 돌려 정아의 얼굴을 쳐다보았다. 갑자기 정아의 얼굴이 일그러지면서 최 대리에게로 다가왔다. "바보야!" 귀청을 울릴 만큼 큰 소리로 정아가 외쳤다.

"어, 으어어억!"

가위에 눌려 버둥거리던 최 대리가 벌떡 일어났다. 온몸이 땀으로 흥건히 젖어 있었다.

'아, 꿈이었구나.'

주위를 둘러보니 낯선 사람 몇 명이 바닥에 누워 자고 있었다. 최 대리는 새벽 3시까지 정아가 준 자료를 검토하다 회사 근처 찜질방으로 향했던 것이다. 집을 오가며 시간을 낭비하느니 그 편이 낫다고 생각했기 때문이다.

6시 반이다.

몸이 좀 찌뿌듯했지만 더 이상 잠이 오지 않았다. 아직도 악몽이

뿌연 안개처럼 머릿속을 헤집고 있었다. 최 대리는 땀에 젖은 찜질방 옷을 벗었다. 간단하게 샤워를 끝내고 음료수를 한 잔 마시자 오히려 허기가 밀려왔다.

찜질방을 나섰다. 새벽의 찬 공기가 얼굴에 남아 있던 잠을 확 깨워버렸다. 아직 사무실에는 아무도 출근하지 않았다. 최 대리는 기지개를 켜고 앞으로 할 일을 정리해 보았다.

다음 주 화요일 오후까지 할 일
1.스터디 A. 기획 기술-길 선생 CD
          B. 발표 기술-강의 CD

2.작업   A. 정아 씨 자료 검토-완료
          B. 추가 자료 요청 및 검토
          C. 임원 인터뷰
          D. 프레젠테이션 구상 및 기획
          E. 문서 작업-메시지를 파워포인트에 정리
          F. 예상 질문 리스트 작성

가장 급한 것은 인터뷰를 끝내는 것이었다. 메일함을 열어 보니 10명의 임원 비서 중에서 4명이 답장을 해왔다. 다음 주 화요일 이전에는 어렵다는 답변이었다. 윤 대리가 미리 귀띔한 대로였다.

그런데 비서들과 통화를 하고 나서 최 대리는 마음이 더 급해졌다. 국내에 남아 있는 2명의 임원도 이미 자리를 비우고 없는 게 아닌가! 명석은 혹시나 하는 마음에 메일함을 열어 보았다. 비서 중에서 4명이 더 메일을 보내왔다. 한결같이 다음 주 화요일이나 수요일까지는 어렵다는 내용이었다.

'이 일을 어쩐다. 청중을 파악하기는커녕 청중을 만나기도 어렵게 되고 말았네. 어제 악몽을 꾸었는데, 일이 이렇게 꼬이려고 그랬나?'

함정이 도사리고 있다

정아는 밤새 뒤척이며 잠을 이루지 못했다. 어젯밤 10시가 넘어서야 집으로 가는 버스에 몸을 실었지만, 어떻게 집에 왔는지 기억이 나지 않았다. 정아는 시간이 혼자 흘러가도록 내버려둔 채 멍한 상태로 침대에 마냥 누워 있었다.

아침에 출근해서 제이슨에게 전화를 했지만 역시 받지 않았다. 메일함을 열어 제이슨에게 중요한 일이니 전화를 해달라고 요청을 해놓았다. 그리고 나서야 최 대리가 보내온 메일이 눈에 띄었다. 발신 시간을 보니 오늘 새벽 2시 53분에 보낸 것이었다. 사흘은 걸릴 거라고 생각했는데 하룻밤 새 검토 메일을 보낸 것이었다. 새벽까지 고생했을 최 대리를 생각하니 정아는 고개를 들 수가 없었다. 최 대

청중 이해 기술 1단계: 자료 조사

청중 이해 기술 3단계 **1단계** 자료 조사 → **2단계** 현장 파악 → **3단계** 검증

최 대리는 잠자는 시간까지 줄여가며 정아가 보내준 자료를 검토했습니다. 여기서 청중 이해 기술 중 1단계인 자료 조사에 대해 살펴보겠습니다.

1. 자료란 무엇인가?

자료는 발표자의 목적에 도움이 되는 내용을 담고 있는 정리된 모든 문서를 말한다.

2. 자료 조사

자료 조사는 이 문서를 발표자의 목적에 맞게 수집, 분류, 정리해 활용할 수 있게 만드는 것이다.

자료를 조사할 때는 다음의 3가지 경우에 유의해야 한다.

1) 정확성. 자료에 사용된 사실(Facts)이나 데이터에 오류가 있을 수 있다. 따라서 자료가 정확한 것인지 검증해야 한다.

2) 적합성. 자료는 시간과 장소를 고려해 청중이 놓인 현실에 적합해야 적절한 자료라고 할 수 있다.

3) 신뢰성. 정확한 사실과 데이터를 사용했음에도 특별한 의도에 맞춰 조작되었을 수도 있다. 정아를 이용하면서까지 제이슨이 목표로 하는 것이 이처럼 자료의 신뢰성을 해치는 조작된 자료의 제공이다.

3. 자료 조사 방법

자료는 이미 다른 사람이 만들어 놓은 정보를 활용하는 방법이다. 그러므로 정보가 체계적으로 잘 수집 및 정리된 데이터베이스에 접근할 필요가 있다. 어떤 데이터베이스냐에 따라 정보의 질이 달라질 수 있다. 가능한 한 회사나 조사기관의 데이터베이스를 잘 활용하는 것이 중요하다. 최 대리나 정아가 자료를 찾는 곳도 바로 이러한 회사의 데이터베이스다.

리의 리뷰는 정중하게 그러나 정곡을 찌르는 내용을 담고 있었다.

정아 씨, 정성들여 보내주신 자료 잘 보았습니다. 좋은 사례와 적절한 데이터가 많아 도움이 될 것 같습니다. 다시 한 번 감사드립니다. 그런데 수요 예측에 성공적이었던 사례 말고 실패 사례도 있었으면 좋겠군요. 자세한 자료가 아니더라도 좋습니다. 금요일 오후 퇴근 시간까지 부탁드리겠습니다. 최명석.

애초에 최 대리가 일방적인 자료를 곧이곧대로 받아들일 것이라고 생각한 것부터가 잘못이었다. 좀 어수룩한 면이 있다고는 하지만, 그래도 영업팀에서 능력을 인정받았기에 이쪽으로 온 것이 아니겠는가! 제이슨과 김 부장 그리고 자신까지 포함된 이 공범단이 오히려 어수룩한 팀이라는 생각이 들었다.

정아는 제이슨 휴대전화로 전화를 걸었다. 다행히 이번에는 전화를 받았다.

"제이슨입니다."

"…"

"여보세요? 헬로우? 웨이 니 하오?"

"저, 정아에요."

"아, 정아 씨, 굿모닝!"

"…"

"별일 없으시죠? 정아 씨. 미안한데, 저 지금 아침 회의가 있어서 다음에 전화주시면 안 될까요?"

"안 돼요!"

"네? 아, 네. 정아 씨 무슨 급한 일인지 모르겠지만 중요한 고객들과 협상이 있어서…"

"저도 김 부장님이 보낸 메일 봤어요."

"김 부장님? 김성기 부장님 말인가요?"

"어제 메일에 대해 설명을 들어야겠어요. 지금 당장이요."

"정아 씨, 잠깐만 기다리세요. 끊지 말고 기다리세요."

얄밉게도 제이슨은 몹시 당황한 것 같으면서도 최 대리처럼 말 한 마디 더듬지 않았다. 주변에 양해를 구한 듯 다시 제이슨의 목소리가 들려왔다.

"기다리게 해서 죄송합니다. 정아 씨, 그건… 저… 제가 설명을 드리자면 솔직히 김 부장님이 부탁한 건 맞습니다. 하지만 제가 정아 씨와의 관계를 이용하려고 한 것은 절대 아닙니다. 김 부장님이 원래 말을 좀 함부로 하신다는 것은 누구나 아는 사실 아닙니까?"

"저는 변명을 듣고 싶은 게 아닙니다, 제이슨. 자초지종을 알고 싶을 뿐이에요."

정아는 자신도 믿을 수 없을 정도로 냉정하고 단호한 어투로 대답했다.

"알겠습니다. 처음부터 말씀드리겠습니다."

　제이슨은 정아가 차갑게 몰아붙이자 이제 정면 돌파를 해야 할 시기라고 생각했다. 이럴 경우, 어설픈 변명은 상대방의 화만 돋울 뿐이라는 걸 그는 잘 알고 있었다.

　"그러니까 요지는 최 대리님의 이번 프레젠테이션이 혁신을 지지하는 쪽으로 발표되어야 한다는 얘기군요?"

　제이슨의 설명을 듣고 나서 정아가 정리하듯 반문을 던졌다.

　"그렇습니다. 물론 이것이 정도에서 벗어난 방법이라는 것쯤은 저도 인정합니다. 그러나 우리의 취지는 여전히 정당성이 있다고 생각합니다. 혁신에서 실패한다면 회사의 존립 자체가 위험할 수도 있으니까요."

　"목적을 위해서는 방법에 문제가 있어도 용인될 수 있다 이거로군요. 아주 위험한 사고방식이네요."

　"정아 씨에게는 정말 죄송합니다. 하지만 김성기 부장이 그런 식으로 부탁하지 않았어도 저는 정아 씨나 아니면 최 대리에게 직접 부탁했을 겁니다."

　"당신들의 계획은 이미 빗나갔어요."

　"무슨 말이죠? 정아 씨가 우리의 계획을 최 대리에게 이야기했나요?"

　"미안하지만, 최명석 대리가 제이슨이 생각하는 것처럼 그렇게 만만한 사람이 아니라는 겁니다. 이미 최 대리는 저에게 수요 예측 실패 사례를 보내달라고 검토 결과 메일을 보내왔어요.”

“설마… 하루만에? 아무튼 좋습니다. 어쨌든 최 대리가 실패 사례를 받도록 그냥 두어서는 안 됩니다.”

“어떻게 그걸 저에게 강요하시는 거죠? 자료는 공정하게 모든 입장을 제공해야 한다는 것은 누구보다 제이슨이 더 잘 알 텐데요!”

“강요는 하지 않겠지만, 정아 씨가 그렇게 하도록 내버려 두지는 않을 거란 말입니다.”

“아니라고 하면서 저를 거의 협박하고 계시는군요.”

“아무튼 정아 씨가 현명하게 행동하리라 믿습니다. 저는 양해를 얻은 시간이 다 지나서 들어가 봐야겠습니다. 그럼 이만.”

“잠깐만요!”

제이슨은 일방적으로 전화를 끊어 버렸다.

정아는 제이슨이 이미 돌아올 수 없는 강을 건넌 것이라는 생각이 들었다. 정아는 제이슨에게 메일을 썼다. 규정대로 일을 하겠다는 짧막하지만 강경한 내용이었다.

청중을 파악하라

최 대리는 벌써 30분째 강 상무 비서를 놓아주지 않고 있었다. 어떻게 해서든 국내에 있는 강일도 상무와 인터뷰를 해야겠다는 결심이 섰기 때문이다.

"아니! 최 대리님, 안 되는 건 안 되는 거잖아요! 그렇지 않아도 바쁜데 왜 이러세요?"

"아무리 외부차단 회의(Close Meeting)라고 해도 담당 비서가 전화를 하면 받게 되어 있지 않습니까? 제발 한 번만 전화 부탁드려요. 길게 얘기하지 않을 겁니다. 5분이면 됩니다."

"상무님께 야단맞아도 저는 몰라요. 나중에 뭐라고 하시면 최 대리님이 동의 없이 제 전화를 사용했다고 말할 거예요."

"알겠습니다. 뒷일은 제가 책임지겠습니다.

강 상무는 곧바로 전화를 받았다. 조용하지만 절제된 목소리였다.

"네, 무슨 일이죠?"

"죄송합니다. 상무님. 외부차단 회의 중이시라 이렇게 비서 전화로 연락드리게 되었습니다."

"음… 용건은요?"

"다음 주 수요 예측 프레젠테이션 준비를 위해 상무님의 인터뷰가 필요합니다."

"미안합니다."

"30분이면 됩니다. 제가 천안에 내려가겠습니다!"

"정 그렇다면 5시 30분까지 천안 공장 정문으로 오세요."

"그렇게 하겠습니다. 감사합니다."

최 대리는 한숨을 돌리자마자 바로 영업팀으로 향했다. 낯익은 동

료들과 가볍게 인사를 나누고 허완서 상무 비서에게 갔다. 수요 예
측에 관한 프레젠테이션이므로 영업팀을 총괄하는 허 상무의 의견
은 무조건 들어야 한다는 생각이 들었기 때문이다.

　정아는 김 부장의 호출을 받고 자리에서 일어났다. 머릿속은 복잡
했지만 결의는 단단했다.
　'결코 물러나지 않겠어.'
　콜럼버스 회의실에 들어서자 창밖을 바라보던 김 부장이 고개를
돌렸다.
　"오, 최정아 씨. 앉아, 앉아."
　"부장님, 제 이름은 채정아입니다."
　"어? 어, 그래, 그래. 채정아 씨. 미안, 미안."
　김 부장은 실룩거리는 볼에 능글맞은 웃음을 띠며 말을 시작했다.
　"내 단도직입적으로 얘기하지. 자네 최 대리 자료 조사에서 그만
손떼게."
　"그게 무슨 말씀이시죠? 특별한 이유라도 있나요? 그리고 부장님
이 지시할 사항이 아닌 걸로 알고 있는데요?"
　정아는 자료 방향에 대한 경고 정도일 것이라고 예상했다.
　"이봐! 자료팀장에게는 내가 따로 얘기할 거야. 그러니까 길게 얘
기하지 말고 여기서 그만둬!"
　"전 정당한 이유 없이, 그리고 제 상사도 아닌 분이 내린 일방적인

조치에 대해 거부할 권리가 있다고 생각합니다.”

“잘생긴 제이슨이 부탁할 때는 정당한 이유가 있어서 최 대리한테 자료를 건네주었나?”

“그 점에 대해서는 할 말이 없습니다. 다만, 저는 두 번이나 최 대리에게 잘못을 저지를 수는 없다는 것을 말씀드리는 겁니다. 지금까지 제가 모아 놓은 자료를 오늘 보내겠습니다.”

“이 친구 이거 말귀를 못 알아듣는 친구구먼. 좋게 얘기하려고 했는데. 자네, 자료팀이 구조조정 대상인 거 알고 있지? 자네가 뭐 대단한 일이라도 하고 있는 줄 아나 본데, 그까짓 자료 조사 일은 아무나 데려다 쓰고 자르고 할 수 있다 이 말이야!”

“네?”

정아는 자기 동료들에 대해 파리 목숨처럼 말하는 김 부장을 보자 말문이 막혔다.

“왜? 그것도 내 권한 밖이라는 얘기를 하고 싶은 건가? 그럼 정말 그렇게 되는지 안 되는지 한 번 지켜보지 그래?”

최 대리는 전화 인터뷰를 하기 위해 빈 회의실을 조회해 보았다. 콜럼버스 회의실을 빼고는 모든 회의실이 예약되어 있었다. 급히 회의실을 전산으로 예약해 놓고 최 대리는 콜럼버스로 향했다. 그런데 막 회의실에 들어가려는데 안에 이미 사람들이 있었다. 김 부장과 정아였다. 둘은 무슨 열띤 토론을 벌이는지 최 대리가 문을 열어도 알아채지 못했다. 최 대리는 할 수 없이 회의실 문을 닫고 돌아서려 했다. 그런데 김 부장이 언성을 높이며 정아를 다그치자 발길이 멈춰졌다. 거기다 자신의 이름이 언급되자 귀를 기울이지 않을 수 없었다. 김 부장의 고함소리가 커지더니 이내 정아가 밖으로 나왔다. 최 대리는 정아와 마주치지 않도록 몸을 숨겼다. 명석은 정아가 사라질 때까지 뒷모습을 물끄러미 바라보았다.

"자네, 여기서 뭐하나?"

어느새 김 부장이 나와 있었다.

"아, 네. 허 상무님과 전화 인터뷰 예약이 되어 있어서요."

최 대리는 착잡한 마음을 감추며 대답했다.

발표자와 청중은 만나야 한다

"출장 중이신데 전화 인터뷰에 응해 주셔서 감사합니다. 상무님."

"어때? 최 대리, 새로운 곳에 가서 일하기가 괜찮은가?"

허 상무는 반가운 목소리로 최 대리의 전화를 받아주었다.

"지난 번 프레젠테이션이 성공적이지 못해 만회하려고 열심히 준비하고 있습니다."

"하하, 기운 내게 최 대리. 난 자네가 다음번에는 잘할 거라 믿네."

"감사합니다. 상무님."

"자, 내가 시간이 없으니 바로 시작할까?"

"네, 그럼 먼저 전략적 관점에서 수요 예측 향상 방안에 대해 말씀해 주시겠습니까?"

허 상무는 잠시 생각을 한 후 입을 열었다.

"최 대리, 우리 회사에 과연 수요 예측이라는 업무가 필요하다고 보나?"

"네?"

최 대리는 허 상무가 의외의 질문을 하자 깜짝 놀랐다. 수요 예측 향상 방안을 위해 프레젠테이션을 해야 하는데 수요 예측이라는 업무가 필요하다고 보느냐니, 이게 대체 무슨 말인가?

"저… 상무님, 상무님께서는 수요 예측이 필요 없다는 말씀이십니까? 다른 회사에서는 이미 수요 예측 프로세스를 도입해 큰 효과를 보았다고 들었습니다만."

"최 대리, 나는 영업 임원으로서 현실적인 문제를 얘기하고 싶은 거야. 수요 예측이 필요하긴 하지. 하지만 우리의 현실을 보자고. 당장 수요 예측을 통해 수요 계획을 수립했다고 생각해 보게. 거래선에서 왜 그렇게 계획을 세워 납기를 못 맞추었느냐고 추궁하면 나로서는 할 말이 없네. 그리고 그렇게 해서 거래선이 발길을 돌려 다른 회사로 가버린다면 대체 수요 예측을 하는 의미가 어디에 있겠나?"

"만약 그렇게 된다면 고객도 없는데 우리끼리 수요 예측을 열심히 하는 결과가 되겠군요."

"바로 그걸세. 그것이 얼마나 우스꽝스러운 일인가? 그리고 다른 회사에서 수요 예측을 통해 효과를 보았다는 것도 나는 믿을 수가 없네. 무슨 시스템을 사용해서 효과를 보았다는 발표는 보았네. 언론에서는 주로 혁신이나 시스템 도입을 담당했던 사람들의 말을 인용하곤 하지. 하지만 그 시스템을 직접 사용하는 영업담당자들의 의견은 별로 본 적이 없어. 내가 사적인 자리를 통해 확인해 보면 말이야 오히려 그 반대의 이야기가 의외로 많단 말일세."

"반대의 경우라면 수요 예측 프로세스 도입이나 시스템 사용을 통해 오히려 수요 예측이 나빠졌다는 말씀이신가요?"

"그렇다네. 수요 예측이 회사 최고경영진의 강력한 방침이라 큰소리로 말하진 못하지만, 문제가 많다는 이야기를 자주 들었네. 시스템에서 산출된 수요 예측이 거래선의 수요 계획을 대체하면서 결국 거래선의 요구를 맞추지 못해 문제가 생기는 경우가 많다고 말이야. 거기다 시스템으로 산출한 데이터를 무슨 신성한 것이라도 되는 것처럼 경직된 데이터로 만들어 버리고 말이지. 덕분에 수요 계획을 시장 상황에 맞게 바꿀 수도 없게 되어 유연성이 크게 떨어지는 결과를 빚고 있다더군."

"하지만 상무님. 어떤 일에서든 처음 변화를 시도하다 보면 과거보다 오히려 잠시 나빠지는 일이 생긴다고 합니다. 그 기간을 극복하고 나면 기존보다 더 좋아질 수 있다고 하는데 너무 성급한 판단은 아닌가 우려됩니다.”

“물론 그럴 수도 있지. 하지만 그 나빠지는 기간이 잠시가 아니라 몇 년을 넘는다면 무언가 문제가 있는 것은 아닐까 생각해 봐야 하네. 몇 년 동안의 시행착오로 잃은 고객을 어떻게 보상받을 수 있겠나? 그리고 몇 년이 더 지나도 나아진다는 보장이 없다면 말일세. 최 대리, 이제 시간이 얼마 남지 않아 내가 긴 이야기는 못하겠군.”

“상무님, 죄송하지만 마지막으로 질문 하나만 드리겠습니다. 상무님께서는 수요 예측 향상을 할 필요가 없다고 하셨는데, 그렇다면 현재 상태에서 개선할 것이 없다는 뜻인지요?”

“아닐세. 나도 영업 업무를 하면서 왜 그 고민을 하지 않았겠나. 다만 개선의 방향이 문제라는 뜻일 뿐이야. 나는 지금의 업무를 더 개선하고 시스템을 업그레이드할 필요가 있다고 보고 있네. 현재의 효율성을 강화할 필요가 있다는 얘기지. 하지만 무언가 새로운 것을 도입하는 것만이 능사는 아닐세.”

최 대리는 자리에 돌아와 수요 예측에 관한 허 상무의 입장을 정리했다.

수요 예측 방안에 대한 입장: 허완서 상무

1. 청중의 문제: 기존 업무에 대한 개선 방안이 필요하다.

2. 청중의 의도: 새로운 기법이 아닌, 현재의 시스템과 업무 활동의 효율

청중 이해 기술 2단계: 현장 파악

청중 이해 기술 3단계

| 1단계 자료 조사 | 2단계 현장 파악 | 3단계 검증 |

현장 파악은 청중과 직접 커뮤니케이션을 하는 방법입니다. 커뮤니케이션에는 **면접 조사**(interview survey), **전화 면접 조사**(telephone interview survey), 그리고 **설문지 조사**(questionnaire survey) 방법이 있습니다. 최 대리는 이 중에서 면접(Interview)과 전화 면접 방법을 사용했습니다.

	장점	단점
면접	• 응답자들에게 질문 내용에 대한 자세한 설명이 가능하다. 따라서 복잡한 질문도 가능하다. • 응답률이 높고 성실한 답변을 얻을 수 있다. • 정확하고 신뢰도가 높은 자료 수집이 가능하다. • 주어진 질문과 예상 답변 이상의 정보를 얻을 수 있다(심도).	• 비용이 많이 든다. • 시간적, 공간적 제약이 있다. • 많은 양의 질문을 소화하기 어렵다. • 면접자 영향이 발생한다. 즉, 질문 과정에서 질문자가 응답자의 답변에 영향을 미칠 수 있다. 반대의 경우도 가능하다. 유도 심문 등. • 답변하기 곤란한 질문에 대한 정보를 얻기 어렵다.
전화 면접	• 비용이 저렴하다. • 면접의 장점을 살릴 수 있다.	• 시간적 제약이 있다. • 많은 양의 질문을 소화하기 어렵다. • 면접자 영향 발생.
설문지 (우편, E-mail 설문지 포함)	• 비용이 가장 저렴하다. • 구두로 질문하기 곤란한 내용도 질문할 수 있다. • 답변자가 시간적, 공간적 제약에서 자유롭다. • 많은 양의 질문을 소화할 수 있다. • 면접자 영향에서 자유롭다.	• 응답률이 저조하다(설문지 전달의 어려움, 분실 위험, 회수 저조 등의 문제 발생 가능성). • 복잡한 질문을 하기가 어렵다. • 답변의 성실성이 떨어진다. • 자료의 정확성 및 신뢰도가 떨어진다. • 질문 내용 이상의 피드백을 받기가 어렵다(심도).

성을 강화해야 한다.

3. 청중의 의견: 수요 예측 향상을 위해 새로운 시스템과 업무를 도입하는 것은 오히려 영업 활동에 문제를 일으킨다.

4. 청중의 근거: 현장 영업 임원으로서의 경험. 다른 회사의 사례.

인터뷰 내용을 정리하자 다시 머릿속이 복잡해졌다. 정아와 김 부장이 나눈 대화, 허 상무의 수요 예측 혁신에 대한 입장 등이 머릿속에서 빙빙 원을 그렸다.

오랜만에 서울역에 오니 현대식 건물로 깔끔하게 단장된 역사가 인상적이었다. 초고속 열차 개통 이후 바뀐 모습이다. 평일 오후라서 그런지 빈자리가 많았다. 창가 쪽으로 자리를 잡자, KTX의 날렵한 은빛 동체가 매끄럽게 역을 빠져 나갔다.

차창 밖 농촌 풍경을 보고 있노라니 마음이 조금 편안해졌다. 최 대리는 그제야 정아와 김 부장이 나눈 대화 내용을 퍼즐처럼 엮어보기 시작했다. 상황을 조합해 보니 그동안 좀 이상하다 싶었던 것에 무언가 실마리가 보였다. 우선, 정아가 보내준 자료가 지나치게 한쪽 면만 보여주었던 이유가 밝혀진 것이다. 그것이 제이슨의 부탁이었다니! 김 부장이 무엇 때문에 정아에게 협박과 강요를 하는지는 알고 싶지 않았다. 다만, 제이슨이 정아에게 부탁을 하면서까지 그런 일방적인 자료를 보내준 것에 대해 의혹이 커져갔다.

'대체 제이슨의 정체는 무엇일까? 발표 기술도 나를 위한 것이 아니라 무언가 다른 의도가 있었던 것일까? 나에게는 프레젠테이션을 도와준다고 하면서 외부 강의까지 추천해 주고, 한편으로는 정아를 사주해 자신이 원하는 자료를 나에게 보낸 이유가 뭘까? 윤 대리가 말하는 것처럼 질 나쁜 바람둥이인가? 그렇다면 그런 제이슨을 좋아하는 정아는? 아니, 그런 정아를 좋아하는 나는?'

제이슨에 대한 의혹은 질투와 뒤섞여 복잡한 가슴속을 쿡쿡 찔러댔다.

KTX는 시속 3백 킬로미터로 달리고 있었지만, 실내에서는 속도감이나 진동이 전혀 느껴지지 않았다. 차창 밖 풍경도 조용조용 장면이 바뀌고 있을 뿐이었다. 채 40분도 되지 않아 열차는 천안역에 도착했다.

택시에서 내리자 공장 정문 앞에 강 상무의 검은색 세단이 대기하고 있었다.

"외부차단 회의 중이신데 이렇게 시간을 내주셔서 감사합니다. 상무님."

"라인 실태 조사하는 시간 30분을 뺀 것이니 빨리 끝내세."

강 상무는 인사도 없이 곧바로 인터뷰를 재촉했다.

"난 우리가 최고를 지향해야 한다고 믿고 있네. 그러기 위해서는 회사의 각 부문 부문에 최고가 되기 위한 혁신이 필요해. 특히 영업의 수요 예측과 관련된 혁신은 다른 부문보다 훨씬 중요하다고 보네. 그런데 우리 회사를 보게. 그저 들어오는 주문을 받아 생산부서에 던져주기 바쁘지 않은가 말이야. 말로는 수요 예측을 해야 한다고 하면서도 아예 팽개쳐 두고 있는 게 우리의 현실일세. 그렇다고 영업사원들만 탓할 것은 아니라고 보네만."

여기까지 이야기하고 강 상무가 잠시 뜸을 들이자 최 대리는 바로 질문을 했다.

"그렇다면 상무님께서는 우리 회사의 수요 예측 프로세스나 시스템이 현재 상태로는 부족하다는 말씀이시군요."

"부족한 게 아니라 아예 없다고 보네. 자네도 알다시피 S사나 다른 초일류 기업들은 수요 예측 시스템을 새롭게 도입해 예측 정확도가 훨씬 올라갔다지 않는가?"

"알겠습니다, 상무님. 그럼 다음에는 조직적 관점에서 수요 예측 향상 방안에 대해 설명을 부탁드리겠습니다."

최 대리는 강 상무의 의견을 좀더 파헤치고 싶었으나 시간이 없었다.

"나는 현재의 영업 조직으로는 수요 예측 향상이 이루어질 수 없다고 보고 있네. 수요 예측을 위해서는 이것만을 전담해서 연구하는 전문가 집단이 있어야 해. 그런데 지금의 영업 조직이나 영업사원들을 보면 그럴 만한 능력이 없다고 보네."

최 대리로서는 다소 충격적이었다. 영업사원들의 능력이 없다고 비난해서가 아니라, 기존의 영업 조직과는 별도의 조직을 생각한다는 것이 의외였다. 조직을 흔드는 일은 최 대리가 예측했던 것보다 훨씬 큰 문제였다.

"나는 미래전략팀 밑에 별도의 수요 예측 그룹을 만드는 것이 적절하다고 보고 있네. S사에서처럼 전략 마케팅 조직을 만들어 수요 예측만을 전담하는 것이지. 이것이 새로운 시스템 도입과 더불어 근본적인 대책이라고 생각하네. 아무쪼록 자네도 이 점을 명심해서 프레젠테이션을 할 때 잘 표현해 주길 바라네."

강 상무와의 인터뷰를 마치고 돌아오면서 최 대리는 다시 인터뷰 결과를 정리해 보았다.

수요 예측 방안에 대한 입장: 강일도 상무

1. 청중의 문제: 수요 예측 향상 방안이 필요하다.

2. 청중의 의도: 새로운 시스템과 조직이 필요하다.

3. 청중의 의견: 현재의 시스템과 조직으로는 수요 예측 향상이 어렵다.

4. 청중의 근거: S사 등의 초일류 회사 사례.

허 상무와 강 상무의 입장은 개선과 혁신으로 분명하게 나뉘어져 있었다. 현재의 핵심을 유지하면서 잘못된 것을 고치는 방법, 그것은 허 상무가 주장하는 개선 방법이다. 현재를 부정하면서 근본적으

청중 이해 기술 3단계: 검증

청중 이해 기술 3단계　　1단계 자료 조사 → 2단계 현장 파악 → 3단계 검증

- 검증의 3단계: 자료 및 현장 정보를 정리 → 분석 → 판단
- 검증의 목적: 청중의 편견, 일반적인 정보의 오류를 찾아낸다.

검증 단계에서는 정보를 판단할 때 주의해야 합니다. 이때, 판단을 좌우하는 것은 신념과 사실들입니다. 그러면 여기서 신념과 사실 그리고 프레젠테이션의 관계를 살펴보겠습니다.

인간은 신념을 지닌 존재이다. 때로는 근거가 있고 또 때로는 뚜렷한 근거가 없음에도 우리는 신념을 가지고 있다.

신념의 형태는 다양하다. 선입관, 고정관념, 가치관, 신앙, 이데올로기 등이 신념의 다른 이름이다.

신념은 크게 두 가지 경로를 통해 생긴다. 첫째는 환경적인 요인이고, 둘째는 사고 과정의 결과이다.

환경적인 요인은 문화적인 환경, 조직적인 환경으로 신념이 생기는 것을 말한다. 이슬람 국가에서 자란 사람이 기독교적인 신앙을 추구하기는 어려운 일 아닌가!

사고 과정의 결과로 신념이 생긴 경우는 주로 신념을 만든 정보에 원인이 있다. 자료가 어떻게 정보로 가공되어 전달되느냐에 따라 사람은 똑같은 사실을 두고 서로 다른 견해를 보이기도 한다.

신념의 차이는 어디에나 존재한다. 최 대리의 경우처럼 청중 사이에 있을 수

도 있고, 발표자와 청중 사이에 있을 수도 있다. 심지어 발표를 준비하는 사람들 사이에서도 그런 차이가 종종 발생한다.

하지만 프레젠테이션을 준비할 때 정말로 중요한 것은 이러한 견해 차이가 아니다. 중요한 것은 이러한 견해나 신념을 보는 '시각'이다.

자신의 특정한 신념을 절대적으로 본다면, 그는 이미 프레젠테이션에 실패한 사람이다. 프레젠테이션의 임무는 발표자의 신념을 절대적인 진리로써 증명하는 것이 아니기 때문이다. 프레젠테이션의 목표는 청중의 동의와 합의에 있어야 한다.

청중도 마찬가지다. 발표자의 발표 내용에 눈과 귀를 닫으면, 프레젠테이션은 성공할 수 없다. 그리고 그 실패는 발표자와 청중 모두의 것이다.

자연에 적용해야 할 '절대적 진리'를 인간 세계에 적용하면 충돌과 비극이 일어납니다. 종교 전쟁, 이데올로기 갈등이 그 대표적인 예입니다.

어떤 경로를 통해 생겨난 것이든, 누구의 견해든 열린 마음으로 서로의 신념을 바라보아야 합니다. 더불어 모든 의견과 신념의 근거가 되는 '사실'을 겸허히 받아들여야 합니다. 그것은 청중이든 발표자든 마찬가지입니다. 그래야만 프레젠테이션이라는 대화에서 발표자와 청중 모두가 승리(Win-Win)하는 결과를 얻을 수 있습니다.

로 새롭게 만드는 방법, 그것이 강 상무가 주장하는 혁신 방법이다.

이렇게 청중이 나뉘어 있을 경우 어떻게 해야 하는 걸까? 그렇게 생각하니 나뉜 것은 청중만이 아니었다. 지금 내면에서 갈등을 일으키고 있는 명석 자신의 마음도 그랬다. 정아를 향한 마음을 어떻게 할 것인가? 그녀를 계속 사랑해도 되는 건지, 아니면 정아를 마음속에서 떠나보내야 하는 것인지….

어느새 서울에 도착한 KTX는 한강 다리를 건너고 있었다. 차창 밖으로 노을이 잿빛 강물과 어우러져 붉게 물들어 있었다.

청중은 하나가 아니다

초밥 집에 들어서자 윤 대리가 반갑게 손짓을 했다. 열차에서 내리기 전에 윤 대리와 저녁 약속을 잡아 놓았던 것이다. 길 선생을 소개시켜준 것이나 인터뷰 준비를 도와준 것 등 여러 가지 고마움에 대한 사례를 하고 싶어서였다. 그리고 몇 가지 궁금한 것을 확인해 보고 싶기도 했다. 그런데 사태는 최 대리가 생각했던 것보다 더욱 심각했다.

"뭐? 이 문제를 두고 임원들이 두 진영으로 나뉘었다고?"

최 대리는 믿기 어려웠다. 수요 예측이 중요한 문제이긴 하지만 그렇다고 편을 가르고 다투다니! 뭔가 석연치 않았다.

"선배, 한쪽은 강 상무를 중심으로 하는 혁신파이고 다른 한쪽은 좀더 신중하게 검토하자는 측이야. 신중파는 영업의 허 상무가 중심인데 사실 그를 따르는 사람은 소수야. 수요 예측이 혁신 과제로 제기되어 드러내놓고 말하지는 않지만, 소수 임원이 허 상무를 중심으로 반대 의사를 보이는 거지."

"그래서? 사장님은 어떻게 결정한 거야? 어느 쪽의 손을 들어주신 거야?"

"선배, 그보다 난 벌써 파란 접시로 3개나 먹었는데, 선배도 좀 먹고서 얘기해."

"그래, 그런데 너 내가 쏜다고 비싼 거만 먹는 것 아냐? 너무 하는데….”

"일급 정보를 알려주는데 이 정도는 당연하지. 호호."

"쳇, 나도 참치 뱃살로 입맛을 한 번 댕겨 봐야겠다. 그나저나 사장님 입장은 어떤데?"

"사장님은 아직 이거다 저거다 결정을 못 내리셨어. 그래서 회사 내부의 여러 가지 지혜를 모으자는 취지로 선배가 프레젠테이션을 하게 된 거잖아."

"그렇다면 더 이상하군. 그렇게 중요한 사안이면 어째서 내가 하게 되었느냐 이 말이야. 물론 처음에는 제이슨이 하기로 했다는 얘기는 들었지만 말이야. 제이슨이 사정이 생겨 못하게 된 것은 그렇다 쳐도, 내가 제이슨의 대타로 나서게 되었다는 건 좀 이해하기 힘

들어. 많은 임원 앞에서 프레젠테이션 한 번 해본 적 없는 내가 말이
야."

"어머, 선배! 오늘은 평소 자신감 넘치던 모습이 아닌 걸. 호호"

"요것이 선배를 놀리네. 이건 자신감하고는 다르잖아. 과연 내가
적임자인가 싶다는 거지."

"영업 임원 허완서 상무의 강력한 추천이었어, 선배."

갑자기 선영의 목소리가 작아졌다.

"그리고 이건 절대 비밀인데, 사실은 선배를 미래전략팀으로 추천
해서 발령받게 한 사람도 허완서 상무야. 미래전략팀에서 반대가 심
했는데 말이야. 특히 김 부장이 강한 알레르기 반응을 보였다는 설
이야. 아마도 전략팀 강 상무가 반대를 하니까 그 간신파가 나서서
반대를 하고 다녔겠지. 아무튼 허 상무님이 이번 프레젠테이션에는
실무 경험이 있는 사람이 필요하다고 강력하게 사장님을 설득해서
선배가 하게 된 거야."

최 대리는 갑자기 김 부장의 눈빛이 떠올랐다. 그리고 자신만 보
면 유난히 얼굴을 실룩거리며 말 한마디에도 냉소를 담아 던지던 김
부장의 태도가 조금은 이해되었다. 그런데 강일도 상무도 자신을 탐
탁지 않게 여겼다니, 어쩐지 미래전략팀에서의 미래가 더욱 무겁게
다가오는 느낌이었다.

하지만 자신을 믿고 이곳으로 추천해 준 허완서 상무를 생각하니
다시 마음이 다져졌다. 이제 이번 프레젠테이션은 단순히 영업부서

프레젠테이션에서의 청중,
허 상무와 강 상무

비즈니스 프레젠테이션에서 청중은 단순히 듣기만 하는 존재가 아닙니다. 허 상무와 강 상무의 예에서 보듯 적극적으로 자기 의사를 표현합니다. 그리고 프레젠테이션에서 자신의 의사가 관철되기를 바랍니다. 프레젠테이션에서 결정되는 사항들이 자신의 일, 나아가 회사에서의 운명과 직결될 수도 있기 때문입니다.

따라서 발표자는 프레젠테이션에 앞서 청중이 전달형을 원하는지, 설득형을 원하는지 미리 파악해야 합니다. 그리고 청중에 맞춰 프레젠테이션을 해야 성공할 수 있습니다.

유형별로 본 프레젠테이션 청중의 특징은 다음과 같다.

유형	청중 특징
전달형	• 일반적이다. 특정 시간과 장소, 인물, 회사 등으로 제한되어 있지 않다. • 발표를 듣는 사람이다(요청을 할 수도 있다). • 발표 내용이 자신의 직접적인 문제일 수도, 아닐 수도 있다. • 따라서 발표 내용에 무관심할 수도, 호기심이 있을 수도 있다. • 알기를 원한다. 즉, 정보에 대한 이론적인 이해를 원한다(호기심이 있는 경우).
설득형	• 구체적이다. 시간과 장소, 인물, 회사 등으로 제한되어 있다. • 발표를 요청하고 듣는 사람이다(요청이 필수이다). • 발표 내용은 자신과 직접적으로 연관된 문제이다. • 발표 내용에 적극적인 관심을 보인다. • 의사결정을 원한다. 의사결정에 필요한 근거, 논리, 이익과 의사결정 후의 실천적인 행동 방침을 원한다.

의 명예나 최 대리의 성패만 달려있는 것이 아니라는 것을 알았기
때문이다.

더욱이 회사의 별들 간에 편을 가르고 대립하고 있는 문제를 놓고
프레젠테이션을 하게 되다니! 자신이 어떤 발표를 하느냐에 따라 회
사 내 세력 다툼에까지 영향을 줄 수 있는 것이 아닌가! 결국 제이슨
의 이해할 수 없는 행동도 이 싸움과 무관하지 않았던 셈이다.

사실의 뒷면을 보라

강 상무는 잠시 식당 밖으로 나왔다. 저녁 식사를 하면서까지
도 열띤 토론을 벌이는 동료 임원들에게서 벗어나고 싶기도
했다. 하지만 머리를 식히는 것보다 더 중요한 일이 있었다.

"제이슨! 대체 일을 어떻게 처리하는 겁니까?"

"무슨 일이 있습니까? 강 상무님."

제이슨은 베이징 호텔로 가는 택시 안에서 갑작스레 전화를 받
았다.

"최명석 대리가 나를 찾아왔었어요."

"네? 오늘 외부차단 회의 하신다고 들었는데요. 어떻게…"

"어떻게가 중요한 게 아니고 왜 최 대리가 임원들을 만나고 다니
는가가 중요한 겁니다. 최 대리를 프레젠테이션 자료 만드는 기술에

만 매달리게 할 거라고 장담하지 않았던가요?"

"무언가 착오가 있었던 것 같습니다, 상무님. 최 대리에게는 분명 조치를 취해 놓았습니다. 교육까지 받게 했고요."

"아무튼 최 대리가 허 상무 같은 사람과 만나 우리의 혁신에 반대되는 입장으로 프레젠테이션을 준비하게 하면 절대 안 됩니다. 계속 강조했지만 이 일은 단순한 프레젠테이션이 아니에요. 회사의 운명이 좌우될 수도 있는 일입니다."

"알겠습니다, 상무님."

"흠, 아무래도 안 되겠어요. 제이슨, 지난번에 내가 얘기했던 대로 움직이는 게 좋겠어요."

명석과 선영은 좁은 2인용 테이블에 자리를 잡았다. 호프집은 퇴근한 직장인들로 만원이었다.

"선배, 신싸 딱 한 진만 먹기다?"

"자식, 너 내가 술에 약한 거 모르냐? 많이 마시자고 해도 마실 수가 없다."

초밥 집을 나서면서 명석은 선영을 붙잡았다. 그동안 정아에 대한 생각이나 프레젠테이션 준비만 해도 버거웠다. 그런데 임원들의 갈등 관계까지 고민하다 보니 가슴속이 답답했다. 시원한 맥주 한 잔을 들이키면 속이 좀 뚫릴 것 같았다. 그런데 그렇게 시작한 술은 브레이크 없이 달리기 시작했다.

"미래전략인지 뭔지, 프레젠테이션인지 뭔지 다 집어치우라고 해. 수요 예측? 혁신? 그게 뭐가 그리 대단해서 말이야. 사람을 이용하고 서로 반목하고 그러느냐 이거야 내 말이, 말이 말이야."

"후후 선배도 정치가 스타일은 아닌가 보구나?"

"정치고 뭐고 난 몰라. 하지만 말이야, 이번 프레젠테이션에서 내가 반드시 보여줄 게 있어. 진실이야말로 가장 위대한 정치고 혁신이라는 걸 증명할 거라고!"

술이 좀 들어가자 명석은 쌓였던 스트레스가 한꺼번에 폭발하면서 봇물 터지듯 말이 쏟아져 나왔다. 그런데 얼굴부터 목까지 새빨개진 명석을 보니 선영은 슬슬 걱정되기 시작했다.

"이제 그만 마셔야겠다. 선배, 우리가 마신 게 벌써 스무 병이 넘었어."

"서, 선영아. 너 내가 세상에서 제, 제일 싫어하는 부류의 인간이 어떤 인간인 줄 아, 아냐?"

"선배, 나 11시가 통금이거든."

"남을 이, 이용하는 인간이야! 남을 밟고 일어서려는 놈, 놈들 말이야. 수단과 방법을 가리지 않고."

"이용? 아까부터 자꾸 누가 누굴 이용했다고 그러는 거야?"

명석은 가슴에 묻어두기로 했던 이야기를 술김에 늘어놓기 시작했다.

"그런 비겁한 수를 쓰다니, 제이슨! 그렇게까지는 안 봤는데…."

"제, 제이슨이 그러니까…"

명석은 말을 끝내지 못하고 장렬하게 탁자에 엎어졌다.

"누가 되었든 그런 정당하지 못한 방법은 써서는 안 되는 거야. 사내 정치의 억울한 희생자는 길 차장님 한 분으로 충분하다고!"

맥주잔을 손에 쥐고 잠이 든 명석을 물끄러미 바라보며 선영은 아랫입술을 잘게 깨물었다.

3년 전 겨울. 선영이 아직 미래전략팀 소속일 무렵의 일이다. 사내에서 해외진출 전략을 세울 때, 동남아 우선이냐 중국 우선이냐를 놓고 치열한 논란이 일었다. 결국 미래전략팀에서 이 사안을 두고 타당성 검토에 들어가게 되었다. 당시 선영은 중국 진출을 지지하는 길준영 차장을 도와 자료 준비에 한창이었다. 반면, 김성기 차장은 동남아 진출을 지지하는 쪽이었다. 결국 두 개의 의견 모두 회사의 임원들을 상대로 프레젠테이션을 하여 결정하기로 되어 있었다. 그런데 프레젠테이션에서 김성기 차장은 길 차장의 상대가 아니었다. 누가 보아도 길 차장의 프레젠테이션이 김 차장을 압도했다.

하지만 결과는 동남아 진출 전략의 승리였다. 나중에 안 일이지만 당시 미래전략팀장이 동남아 법인들과 이해관계가 깊은 탓에, 임원들을 미리 설득해 놓은 것이 결정적이었다. 길 차장은 분통을 터뜨리며 전략팀장에게 찾아가 호소했지만 허사였다. 사표라는 극약 처방을 쓰면서까지 버텼지만 결과는 길 차장의 퇴사로 끝났다. 선영도 김성기 차장이 부장이 되는 것을 보고 미련 없이 부서를 옮겼다.

3년이 넘은 지금, 회사는 뒤늦게 중국 진출 쪽으로 방향을 돌려 엄청난 기회비용 손실을 보고 있는 중이었다. 전임 미래전략팀장은 선대 사장 퇴임과 함께 물러났기 때문에 책임을 물을 수도 없는 처지였다.

결국 길 차장, 아니 지금의 길 선생만 억울한 노릇이었다. 하지만 선영이 이 사실을 언급할 때마다 길 선생은 과거지사라며 허허 웃어 넘겼다.

청중은 움직이고 진화한다

4월 22일 금요일 오전 10시

제이슨은 오랜만에 본사 로비에 들어서자 감회가 새로웠다. 바쁘게 움직이는 젊은 엘리트 남녀 사원들, 인도, 유럽 등 세계 각지에서 몰려온 바이어들이 대기하고 있는 모습, 곳곳에 설치된 대형 PDP에서 비추는 다양한 제품 광고. 제이슨의 눈에는 이 모든 것이 초일류 기업으로 우뚝 선 회사의 단면처럼 보였다.

5년 전, MBA를 마치고 미국 투자 은행과 컨설팅 회사에 지원했다가 거푸 미끄러지던 때가 떠올랐다. 그리고 그가 결국 한국행을 결심했을 때 그를 걱정하던 미국 동료들의 얼굴도 생각났다. 말이 걱정이지 그들은 동양인이 아무리 잘나 봐야 그들 주류 사회의 두꺼운

벽을 뚫지 못한다는 것을 반은 즐기고 반은 동정하는 모습이었다.

하지만 5년이 지난 지금은 어떠한가! 가능성에만 머물던 사이버넥스가 바야흐로 세계의 선두기업으로 질주하고 있는 지금은 상황이 달라졌다. 사이버넥스의 성공은 제이슨 자신의 선택이 올바른 것이었음을 증명하는 시금석이기도 했다. 하지만 제이슨은 사이버넥스가 좀더 나아가야 한다고 생각했다. 미국의 옛 친구들이 자신을 부러워할 정도가 되려면 더 큰 결실이 필요했다. 미국의 GE도 누를 정도의 기업이 되어야 한다. 이것이 제이슨이 생각하는 사이버넥스의 목표치였다.

그렇게 되려면 절대적으로 필요한 것이 끊임없는 혁신이었다. 그런 의미에서 강일도 교수가 사이버넥스의 전략팀장으로 영입된 것은 회사로서나 제이슨으로서나 큰 행운이라고 생각했다. 비록 허완서 상무 같은 반혁신 세력이 아직 회사에 남아 있는 것이 문제가 되긴 했지만 말이다.

엘리베이터 앞에서 허완서 상무가 생각나자 갑자기 5주 전의 일이 떠올랐다. 그때 제이슨은 로비에서 막 엘리베이터를 타려던 참이었다.

"어이 제이슨, 이번에 자네가 발표한 중국 진출 전략 프레젠테이션 정말 잘 들었네."

"감사합니다, 허 상무님."

"마침 영업팀 중국 그룹에서 중국 사업 전략 수립 TF를 구성했는데 말이야, 자네가 참여해서 도와주었으면 좋겠어."

"상무님 제의는 감사합니다만, 전 이미 다른 과제가 있어서 어렵겠는데요. 이번에 사장님 지시로 수요 예측 프레젠테이션을 하기로 되어 있습니다."

하지만 그뿐이었다. 이미 허 상무가 손을 써 놓아 제이슨은 갑자기 중국행 비행기를 타야만 했다. 믿었던 강 상무마저 일단 중국으로 가 있으라는 말뿐이었다. 더욱이 프레젠테이션도 다른 팀원으로 바뀐다는 얘기까지 들은 상태였기 때문에 발뺌할 구실도 더 이상 없었다.

"제이슨! 오느라 고생 많았지?"

김 부장이 억지스런 미소를 지으며 반겨 주었다.

"부장님, 별일 없으셨어요?"

"나야 뭐 항상 그렇지. 그나저나 허 상무가 화내지 않을까? 그 사람이 그래도 회사의 꽤 실세였는데 말이지."

'간신배 같으니라고!'

강 상무 밑에서 아부를 하지 못해 안달이면서도 다른 실세 임원들 눈치를 보는 김 부장. 제이슨은 그런 김 부장을 볼 때면 영락없이 간신을 보는 것 같아 역겨운 마음이 일었다.

"강 상무님이 알아서 하신다고 했으니 걱정하지 않으셔도 됩니다."

확신과 의지를 점검하라

최 대리는 오전 내내 속이 편치 않았다. 어제 술을 많이 마셨기 때문이기도 하지만, 공연히 프레젠테이션 준비 시간을 낭비한 것 같았기 때문이었다. 김 부장이 검토하겠다고 한 화요일까지는 이제 3일밖에 남지 않았다. 그나마 주말을 빼면 하루 남은 셈이었다.

그런데 출발부터 일이 꼬이기 시작했다. 청중이 두 진영으로 나뉘는 것도 모자라 둘이 대립해 갈등을 겪고 있다니…. 그때 뒤에서 자신을 부르는 소리가 들렸다.

"최 대리님, 시간 괜찮으면 저랑 점심 같이 하시죠?"

"아니! 중국에 있어야 할 제이슨이 여기 웬일입니까?"

명석은 막상 제이슨을 보자, 복잡한 감정보다 반가운 마음이 먼저 들었다.

"자자, 긴긴 사연은 밥을 먹으며 애기하고 어서 나가죠."

제이슨이 워낙 몰아세우는 바람에 명석은 얼떨결에 떠밀려 밖으로 나갔다.

"프레젠테이션 준비는 잘 되어 갑니까?"

"네, 덕분에 잘 되고 있습니다."

제이슨은 한식다운 한식이 먹고 싶었다며 정식 두 개를 시켰다.

"발표 기술도 많이 향상 되셨겠네요?"

"그건 잠시 접어두고 있습니다."

"그게 무슨 말이죠?"

제이슨은 연신 김칫국물을 떠먹으며 물었다. 최 대리는 윤 대리의 소개로 길 선생을 만나 기획 기술을 배운 일이며 임원들과 인터뷰한 일 등을 간단히 설명했다.

"길 차장은 업무 처리에 문제가 있다는 이유로 회사에서 내보낸 사람입니다. 제 견해보다 그런 길 차장 견해를 채택하셨다니 실망이로군요."

갑자기 제이슨의 눈빛이 마주치기 어려울 정도로 날카로워졌다.

"글쎄요. 회사를 어떻게 나갔는지는 잘 모르겠습니다만, 프레젠테이션에서 만큼은 뛰어났다고 들었습니다."

"아무튼 좋습니다. 저도 프레젠테이션에서 기획 기술이 중요하다는 사실은 인정합니다. 하지만 문제는 시간입니다. 기획 기술은 터득하기도 어렵고, 기획 자체가 시간이 많이 걸리는 작업입니다. 그런데 지금 최 대리에게 주어진 시간을 생각해 보십시오. 과연 기획하는 과정에서 생기는 복잡한 문제들을 단기간 내에 해결하고 프레젠테이션을 준비할 수 있다고 보십니까?"

최 대리는 말문이 막혔다. 더 이상 믿을 수 없게 된 제이슨이지만 그의 말이 틀린 것도 아니기 때문이다.

"어제 허 상무님과 강 상무님을 인터뷰했는데 두 분 의견이 완전 반대더군요. 그리고 듣자 하니 두 분뿐 아니라 임원들이 둘로 갈라져 의견 대립을 하고 있다더군요. 애초 계획은 빨리 임원들 입장을 정리하고 나서 제 의견을 프레젠테이션 메시지로 구상하는 작업을 하는 것이었는데… 그것이 지금 좀 어려워지고 있습니다.”

최 대리는 답답한 마음을 솔직하게 털어놓았다.

“최 대리는 어떤 임원의 의견이 옳다고 생각하는 겁니까?”

“그게, 아직 잘 모르겠습니다. 이런 경우에 어떻게 해야 하는지….”

“그럴 경우에는 의사결정권자의 견해를 청중의 대표 견해로 채택하면 됩니다.”

“의사결정권자라면? 사장님 말입니까?”

“맞습니다. 지금 최 대리가 프레젠테이션을 준비하면서 할 일은 사장님의 의중을 가장 잘 대변해 주는 임원의 견해를 청중의 견해로 채택하면 된다는 말입니다.”

“그렇다면 제이슨은 누가 사장님의 의사를 가장 잘 대변하고 있다고 보는 거죠?”

“그야 당연히 강일도 상무 아니겠습니까?”

제이슨은 예상대로 강 상무를 지목했다.

“하지만 강 상무님 입장이 사장님의 의중을 대변하는지 아닌지 어떻게 안단 말입니까?”

“최 대리, 알다시피 강 상무님은 사장님이 회사 내의 혁신을 추진하시기 위해 스카우트하신 분입니다. 최근 들어 사장님도 혁신 경영의 필요성을 강조하지 않았습니까?”

"하지만 사장님이 회사의 모든 부문을 혁신하라고 지시했다는 얘기는 들어보지 못했어요! 사실 내가 영업에 있어 봐서 하는 말인데, 수요 예측과 같은 과제는 혁신 과제라고 해서 무조건 받아들이기에는 복잡한 것이 많습니다."

"반혁신주의자인 허 상무님과 비슷한 말씀을 하시는군요."

"반혁신주의? 허 상무님이요?"

"최 대리만 모르고 있었지 사실 지금 우리 회사에는 허 상무님이 회사의 혁신을 가로막는 반혁신주의 세력의 대표라는 소문이 파다합니다."

"말도 안 돼! 이것 봐요, 제이슨. 허 상무님은 혁신에 반대하자는 것이 아니고…"

"최 대리가 끝까지 그렇게 허 상무 앞잡이 노릇을 하려고 하다니 이해되지 않는군요."

"뭐? 앞잡이? 아니! 이런 식으로 뒤에서 음모나 꾸며대서 사람을 몰아붙이는 게 제이슨이 생각하는 혁신이오?"

"음모인지 사실인지는 앞으로의 일을 지켜보면 드러나겠지요."

"글쎄올시다! 앞으로 어떤 일이 벌어질지는 모르겠지만, 그런 혁신이라면 저는 단연코 사양하겠습니다."

"허 상무가 좌천되고 나서 최 대리의 운명이 어떻게 될지는 생각해 보지 않았습니까?"

"좌, 좌천이라니. 대체 무슨 근거로 그렇게 얘기하는 거요?"

"최명석 대리, 이번에 진급이 걸려 있는 것으로 알고 있습니다. 과연 어떻게 처신하는 것이 좋은지는 최 대리 스스로 잘 생각해 보기 바랍니다."

최 대리는 그동안 참아왔던 분노가 한꺼번에 밀려왔다. 마음을 다지려 애썼지만 격앙되어 가는 목소리를 제어하기가 쉽지 않았다.

"제이슨이 언제부터 제 상관 노릇까지 하게 되었죠?"

자신도 모르게 탁자를 치며 최 대리는 언성을 높였다. 그러자 제이슨은 오히려 빙그레 웃음을 띠며 낮은 목소리로 대답했다.

"공연히 고래 싸움에 끼어들지 마시고 회사의 방향을 따르는 게 최 대리에게도 좋다는 뜻에서 말씀드리는 것뿐입니다."

힘의 논리에도 법칙이 있다

허 상무는 중국 TF팀에서 걸려온 전화를 받고 귀를 의심했다.

"뭐? 제이슨이 한국으로 돌아갔다고?"

"네. 말씀드린 그대로입니다."

"아니! 이 사람아, 어떻게 프로젝트가 한창인데 특별한 이유도 없이 그렇게 사람을 보낼 수가 있나? 엉?"

"그게… 강 상무의 지시라고 해서 저도 어쩔 수가 없었습니다, 상무님."

"지금 그게 말이 되는 소리야? 중국 TF가 강 상무 소속이야? 내 소속이야? 어떻게 나한테는 한마디 상의도 없이 사람을 그렇게 빼가느냐 말이야!"

허 상무는 더 이상 따져보아야 소용이 없다는 생각에 강 상무 비서에게 전화를 돌렸다.

"외부차단 회의라서 안 된다니?"

"네, 상무님. 토요일 아침까지는 연락을 할 수 없습니다. 죄송합니다."

"이것 봐! 외부차단 회의 동안 내 업무는 침해해도 되고 연락은 안 받겠다니 그런 경우가 세상에 어디 있나?"

"어떤 사정인지는 저도 잘 모르겠습니다만 어쨌든 더 이상 누구의 연락도 받지 않겠다고 저에게 메시지를 남겨 놓으셨습니다."

허 상무는 전화를 끊고 김 전무와 나누었던 대화를 떠올렸다.

"허 상무, 내가 오늘 이렇게 갑자기 자네를 일본으로 부른 이유를 알고 있나?"

"전무님이 소니와 긴급회의가 잡혀 도움이 필요하다고…."

"이보게, 허 상무. 소니와의 회의는 내 선에서도 처리할 수 있네. 내가 자네를 여기로 급히 부른 건 다름 아닌 자네 때문일세."

"그게 무슨 말씀이신지요? 전무님."

"지금 회사에 자네를 둘러싼 좋지 않은 소문이 많이 퍼져 있어."

“제가 회사의 혁신 활동에 부정적이라는 소문 말씀입니까?”

“허 상무, 사마귀 한 마리가 수레바퀴 앞에 선다고 그 수레를 막을 수 있다고 보는가? 대세를 혼자의 힘으로 막는 것은 무모한 일일세.”

“전무님, 저도 누구보다 회사를 사랑하는 사람입니다. 회사에 득이 되는 일을 제가 왜 막겠습니까? 저는 다만 좀더 신중히 검토하고 합리적으로 일을 풀어가야 한다는 입장일 뿐입니다. 잘못된 것을 혁신하지 말라는 뜻이 아닙니다.”

“자네의 충심을 누가 모르겠나? 하지만 회사는 어차피 조직의 생리대로 움직이게 되어 있네. 자네는 지금 그 조직의 논리에 저항하고 있는 거야.”

“조직이 반대 논리를 모두 거부한다면 그 조직은 썩을 수밖에 없습니다. 전무님, 그런 일방적이고 독재와도 같은 조직의 논리를 바로잡아야 하는 것이 저희 임원들의 몫이 아닙니까!”

“이것 봐! 지금 자네의 자리가 위태롭게 되었는데 그렇게 옳고 그른 것만 따져서 어떻게 하겠다는 게야? 내 자네를 누구보다 아끼기 때문에 지금 안타까운 마음에 이러는 거라고, 이 사람아.”

“저도 소문은 들었습니다. 하지만 저는 제 뜻을 굽히느니 차라리 옷을 벗겠습니다. 제가 회사에 남아 있는 한, 회사가 잘못된 방향으로 가는 것을 바라보고만 있을 수는 없습니다.”

김 전무는 허 상무가 신입사원 시절부터 존경했던 지표적인 인물이었다. 하지만 허 상무는 이번 일만큼은 김 전무의 뜻을 따를 수가 없었다.

허 상무는 자신의 입장이 소수이고 힘이 미약하다는 것을 누구보다 잘 알고 있었다. 그래도 제이슨이 미래전략팀으로 복귀했다니, 이것은 분명 월권이었다. 그것이 가능한 이유는 김 전무도 지적했듯 사내에서 점점 좁아져 가는 자신의 입지 때문이라는 것을 허 상무는 누구보다 잘 알고 있었다. 정글은 아프리카 오지에만 있는 것이 아니다. 하이에나들은 힘없는 사자가 잡은 사냥감에 달려들어 마치 자기 것인 양 뜯어간다. 힘이 빠진 사자를 두려워하는 하이에나는 없기 때문이다. 그것이 정글의 법칙이다.

최 대리는 길 선생에게 전화를 걸었다. 그런데 상황 설명을 들은 길 선생에게서 의외의 대답이 나왔다.

"제이슨의 말이 맞네."

"네? 어떤 말이 맞는다는 거죠?"

"청중이 여럿으로 나뉘어 견해가 분분할 때는 의사결정권자의 견해에 초점을 맞추는 것이 맞는다는 얘기지."

"문제는 그 의사결정권자에게도 있습니다. 다들 사장님의 의견이 강 상무님 쪽이라고 합니다. 그렇지만 선영이 얘기를 들어보면 그게 아직 분명치가 않습니다."

"사장님도 어느 한 쪽의 손을 든 건 아니다?"

"네."

"흠… 이 경우 조금 어렵긴 하지만, 청중의 입장이 하나든 두 개든 정리를 하고 최 대리가 생각하기에 가장 좋은 답을 찾아야 하네. 청중을 파악한다는 것은 결국 청중의 문제를 안다는 것임을 명심해야 하네."

"결국 청중의 문제라는 입장에서 보라는 말씀이군요."

"그렇지. 어떤 것이 진정한 청중의 문제인가를 가려내야 한다는 것이지. 그렇게 하기 위해서는 먼저 문제를 정확히 보는 것이 중요하네. 문제를 정확히 보기 위해서는 여러 견해의 근거가 되는 자료와 유사한 사례를 면밀히 분석해야 한다는 것도 잊지 말게."

"자료와 사례란 어떤 것을 말하는 거죠?"

"지금 최 대리가 수요 예측과 관련된 프레젠테이션을 준비하고 있으니까 먼저 프레젠테이션 주제에 맞는 자료나 사례가 되겠지. 특히, 지금처럼 청중이 나누어져 있을 경우에는 각자의 입장을 대변해 줄 수 있는 자료와 사례를 갖추는 것이 중요하네. 그렇게 확보한 자료를 충분히 분석한 후 해답을 제시해야 설득력도 생기거든. 프레젠테이션을 통한 설득에서 확실한 자료를 바탕으로 한 논리와 사례보다 더 적절한 무기가 없다는 점을 명심하게."

프레젠테이션 기획의 핵, 해답을 찾아라

프레젠테이션에서 주어진 문제(수요 예측)에 대해 어떤 해답을 제시해야 하는 가를 놓고 제이슨과 최 대리 간, 혹은 강 상무와 허 상무 간에 치열한 다툼이 일고 있습니다. 과연 최 대리는 어떤 해답을 어떻게 찾아갈까요?

청중을 파악하는 일이 끝나면 '주제'에 대한 '해답'을 찾아야 한다. 최 대리는 지금 '수요 예측 향상 방법'이라는 주제를 놓고 강 상무식 '혁신주의'로 가야 한다는 해답과 허 상무식 '현실주의'로 가야 한다는 해답 사이에서 고민하고 있다.

'어떤 해답을 제시하는가?'

청중이 발표자에게 가장 기대하는 것은 바로 이것이다. 적절한 해답을 제시하는 것이야말로 프레젠테이션에서 발표자가 청중에게 줄 수 있는 가치(Value)다. 그렇다면 어떻게 해답을 찾을 것인가? 해답을 찾는 데는 다음의 3가지 방법이 있다.

1. 이론적 방법

주제와 관련된 권위 있는 전문 이론을 사용하는 방법이다. 사이버넥스에서 수요 예측 전문가를 초대해 의견을 들어본 예가 바로 여기에 해당한다. 하지만 전문 이론은 일반적인 해답이 많아 구체적인 해답을 원하는 경우에는 만족스럽지 못할 수 있다.

2. 분석적 방법

문제에 대해 원인과 결과를 놓고 하나하나 따져보는 방법이다. 최 대리처럼 문제와 관련해 여러 해답을 놓고 어떤 것이 옳은 해답인지 분석하는 것이 여기에 해당한다. 복잡한 실타래를 헤쳐가다 보면 어디선가 잘못된 고리를 발견하게 된다. 그러면 그 고리를 바로잡고 해답을 찾아낼 수 있다.

3. 창의적 방법

문제에 대해 전혀 다른 시각으로 접근하고 답을 찾는 방법이다. 논리나 전문가의 경험만으로 해결할 수 없는 문제에 부딪히게 될 때, 발상의 전환으로 해답을 찾아내는 방법이다.

과연 최 대리는 청중을 만족시킬 수 있는 해답을 찾아낼 수 있을까요? 여러분이 최 대리의 입장이라면 어떤 방법으로 해답을 제시하겠습니까?

'왜냐하면'의 힘 –
논리와 사례로 설득하라

발표자가 준비한 '해답'은 메시지로 만들어집니다. 그리고 프레젠테이션을 통해 이 메시지를 청중에게 전달합니다. 이때, 발표자가 청중을 설득하기 위해서는 메시지에 대한 '증명'이 필요합니다.

길 선생이 제시한 것처럼 증명에는 두 가지 방법이 있는데 하나는 논리적인 증명이고, 다른 하나는 적절한 사례를 제시하는 것입니다. 증명의 힘이 설득에 얼마나 커다란 영향을 주는지는 랭거(Langer)의 실험에 잘 나타나 있습니다.

사회심리학자 랭거는 도서관에서 재미있는 실험을 실시했다. 그것은 복사를 위해 길게 줄을 서서 기다리는 사람들에게 양보를 구하는 세 번의 실험이었다.

   1) 첫 번째 실험(타당성 있는 이유 제시)

   "죄송합니다. 제가 먼저 하면 안 될까요? 왜냐하면 아주 바쁜 일이 있거든요."

   2) 두 번째 실험(타당성 없는 이유 제시)

   "죄송합니다. 제가 먼저 하면 안 될까요? 왜냐하면 지금 복사를 해야 하거든요."

   3) 세 번째 실험(이유를 제시하지 않음)

   "죄송합니다. 제가 먼저 하면 안 될까요?"

실험 결과 첫 번째는 94퍼센트, 두 번째는 93퍼센트, 세 번째는 60퍼센트의 성공을 거두었다.

세 번째가 실패한 이유는 '왜냐하면'이 빠졌다는 것뿐이다. 이 실험은 사람들이 판단하고 행동할 때, 무언가 이유를 필요로 한다는 것을 잘 보여준다. 특히 타당하지 않은 이유라도 제시하는 것이 그렇지 않은 것에 비해 설득력 있다는 것이 인상적이다.

프레젠테이션에서 청중을 설득하려면 반드시 설득하려는 메시지에 '왜냐하면'이라는 이유가 포함되어야 합니다. 이 '왜냐하면'의 뒤를 채우는 것이 바로 논리와 사례를 통한 '증명'입니다.

현실은 스스로 돕는 자를 돕는다

전화를 끊고 최 대리는 다시 생각에 잠겼다. 길 선생의 말에는 전적으로 공감한다. 사실 최 대리도 그 점 때문에 정아에게 수요 예측 실패 사례를 찾아달라고 메일을 보내지 않았던가! 그러고 보니 정아가 이 일을 두고 김 부장과 옥신각신한 이후에 어떻게 되었는지 미처 확인하지 못했다. 김 부장의 협박 때문에 정아가 자료를 보내지 못했을 거라고 짐작했다. 그래도 혹시나 하는 마음에 메일함을 열자, 마침 정아가 보낸 편지가 도착해 있었다.

죄송합니다, 최 대리님. 먼저 죄송하다는 말씀을 전해 드려야겠네요. 열심히 도와드리겠다고 약속했는데 개인적인 사정으로 이번 자료 조사는 다른 사람이 맡게 되었습니다. 저희 그룹장님과 김 부장님께도 말씀을 드렸습니다. 그럼. 채정아.

명석은 가슴이 아팠다. 우연히 내막을 알게 되었을 때, 처음엔 정아에 대한 원망도 있었지만 이제 정아를 떠나보내야 한다고 생각하니 그녀가 가엾게 느껴졌다. 그리고 정아를 이렇게 내몬 사람들에 대한 원망이 커져갔다.

명석은 늦게까지 일이 풀리지 않자 사무실을 뛰쳐나왔다. 그리고 평소에 자신을 따르던 영업팀 후배 한 명을 불러 같이 저녁을 먹었다.

"아따 최 대리님. 미리 전화를 주시지 꼭 저녁 먹으러 나가려는데 연락을 해서 팀 사람들한테 미안하게 만드십니까?"

"자식, 미안하다. 대신 내가 거하게 쏜다."

"김치찌개 하나 사주시면서 너무 생색내는 거 아닙니까?"

"야, 그나저나 너는 수요 예측에 대해 어떻게 생각하고 있어?"

후배는 명석의 설명을 듣더니 대뜸 손사래를 쳐댔다.

"우리가 예측한 수요 데이터로 수요 계획을 세운다고요? 그러니까 영업사원들이 통계 모델이나 시스템을 사용해서 예측한 숫자를 생산부서에 던져준다는 말씀입니까?"

최 대리의 말을 듣고 믿어지지 않는다는 듯 후배는 몇 번이나 되물었다.

"그래! 그렇다니까!"

"그렇다면, 최 대리님! 거래선이 보내준 수요 계획은 어떻게 하고요? 그건 무시해도 되는 겁니까?"

"통계 모델로 만든 수요 계획이 우선시되고, 거래선이 보내준 수요 계획은 2차적인 자료로 밀려나는 거지."

"저는 예측의 책임을 거래선이 아니라 우리에게 넘긴다고 해서 그 오차가 줄어들 것이라고 생각하지 않습니다. 오히려 거래선이 예측해 건네준 수요 계획을 우리가 신속하고 유연하게 반영해 주는 게 중요하다는 생각이 드는데요."

최 대리는 자리로 돌아오면서 대화 내용을 곱씹어 보았다. 예측의 정확성을 높이기보다 불확실한 예측에 신속하고 유연하게 대응하자는 안이 그럴듯해 보였기 때문이다.

하지만 자리에 앉으니 잠시 잊고 있던 걱정이 다시 밀려 왔다. 어디서부터 어떻게 시작할 것인가? 자료팀의 정아는 그만두었고 새로운 자료팀 사람은 다음 주 월요일이나 본격적으로 작업을 시작한다고 하니 지금 당장은 크게 도움이 될 것이 없었다.

'어쩔 수 없다. 내가 직접 자료 조사를 하는 수밖에…'

최 대리는 절망감을 떨치며 다시 일을 시작했다.

기획에 옷을 입히다

4월 23일 토요일

회사에 도착하니 주말이라 사람들이 별로 없었다. 평일에는 저녁 늦게까지 북적대던 1층 로비도 장이 끝난 시장 바닥처럼 썰렁했다. 아무도 없는 사무실에서 컴퓨터를 켜자, 부팅 소리가 적막한 숲 속에 울려퍼지는 새 울음같이 쓸쓸하게 들렸다.

어제 작업하던 파일들을 정리하면서 최 대리는 낭패감을 느꼈다. 어떻게 손을 써야 할지 감이 잡히지 않았던 것이다. 프레젠테이션 초안 검토 시간은 점점 다가오는데 아직 문서 만드는 작업은 시작도 못했다. 아니, 문서를 어떻게 만들어야 할지 구상도 세워지지 않은 상태였다. 거기다 문서 구상의 토대가 되어야 할 기초 자료는 하나도 찾지 못했다. 명석은 시작이 반이라는 말이 뼈저리게 다가왔다. 주어진 2주일의 시간 중 1주일이 다 저물고 있는데 아직 문서 작업을 시작도 못한 상태라니!

　명석은 답답한 마음을 누르며 메일함을 열어 보았다. 신규로 도착한 메일 표시가 깜박거렸다. 토요일 아침에 보낸 편지였다. 누가 이 시간에 편지를 보냈을까 의아했지만 발신인은 명석이 처음 들어 보는 ID인 데다 사내 메일도 아니었다. 편지는 본문 메시지도 없이 첨부파일 몇 개만 압축 파일로 잔뜩 붙어 있었다. 압축을 했어도 파일 크기가 컸는지 잠시 후에 똑같은 메일이 첨부만 달리한 채 두 통 더 배달되었다. 궁금한 마음에 첨부파일을 열어본 최 대리는 내용을 보고 깜짝 놀랐다.

　첨부 내용은 최 대리가 정아에게 주문했던 바로 그 자료들이었다. 무엇보다 눈에 띄는 것은 무리한 수요 계획 전략의 적용으로 실무진의 반발에 부딪혔던 기업의 사례였다. 그 기업이 시장에 유연하게 대처하지 못해 결국 쇠퇴의 길을 걷게 된 사연도 들어 있었다. 그리고 기존의 수요 계획 업무를 시스템으로 전격 교체하는 혁신을 단행한 기업이 시장 수요 예측을 잘못하여 엄청난 손실을 입고 경쟁업체에게 시장을 빼앗긴 사례도 있었다. 또한 예측 시스템 결과가 실제와 크게 차이가 나자 시스템 업체를 과대광고로 소송하여 시스템 업체가 파산한 사례도 포함되어 있었다. 명석은 가슴이 두근거렸다.

자료 검토를 끝내고 발표를 어떻게 할 것인지 방향이 잡힌 것은 일요일 오후쯤이었다. 최 대리는 결국 허 상무에게 힘을 실어주는 쪽으로 프레젠테이션을 하리라 결심을 굳혔다. 물론 발표를 하고 나서 자신에게 어떤 결과가 돌아올 것인가를 생각하면 조금 두렵기도 했다. 혁신에 대한 강 상무의 강한 의지, 제이슨의 비웃는 듯한 웃음도 떠올랐다. 하지만 사내 정치의 논리에 밀려 스스로 납득할 수 없는 내용을 발표할 수는 없다고 생각했다. 지금껏 검토한 자료와 자신의 경험 그리고 영업 현장을 뛰고 있는 후배의 목소리가 방향을 결정하는 데 큰 몫을 했다. 결코 허 상무가 자신을 추천해서가 아니었다. 그리고 낯선 이로부터 온 메일도 결정적인 힘이 되었다.

길 선생이 제시한 기획 기술에 따르면 먼저 핵심적인 메시지를 중심으로 시나리오를 만드는 것이 자료 작성의 첫걸음이었다. 그 다음에 줄거리를 파워포인트 한 장 한 장에 옮겨 담았는데 한 장당 3줄을 넘지 않게 하였고 절대 두 문장이 넘지 않도록 주의했다. 문장이 길어지거나 많으면 청중의 집중력이 떨어지기 때문이다. 서론, 본론, 결론의 구조를 유지하면서 장 수를 채워 가니 30장 정도의 발표 슬라이드가 만들어졌다.

이제 그 한 장 한 장에 담긴 메시지에 맞게 자료를 채워 넣어야 할 차례였다. 어떤 자료는 표로 만들어 간략하게 하고 어떤 자료는 차트로 만들어 시각 효과를 살렸다.

주말부터 월요일까지 최 대리는 화장실 가는 일 빼고는 오로지 작업에만 매달렸다. 식사는 김밥이나 햄버거 같은 패스트푸드로 때웠다.

'후, 엉성하긴 하지만 일단 30장을 다 채우긴 했으니 사우나 가서 1시간만이라도 눈 좀 붙여야겠다.'

화요일 새벽 5시가 다 되어서야 초안이 완성되었다.

청중에게 가는 길은 너무도 멀어

4월 26일 화요일 아침

미네르바 회의실에 불을 끄자 프레젠테이션 슬라이드가 화면에 선명하게 나타났다. 발표자 1명, 청중 1명의 프레젠테이션이었다. 명석은 김 부장 앞에서 리허설을 하는 셈 치자고 생각하며 프레젠테이션을 시작했다. 발표 시간이 30분이었기 때문에 서론에 5분, 본론에 15분 그리고 결론에 10분의 시간을 배분하여 발표를 했다.

"제가 드리고 싶은 결론은 우리 회사 현실에 맞는 수요 예측 방법을 도입해야 한다는 것입니다. 무리한 수요 예측 시스템 도입이나 조직 변경은 위험이 따를 수 있다고 봅니다. 지금 상태에서 가장 현실적인…"

"그만, 이제 됐어요. 최 대리."

김 부장은 내내 무서운 얼굴로 인상을 쓰면서 침묵을 지키고 있다가 프레젠테이션이 끝나갈 무렵 최 대리의 발표를 저지하고 나섰다.

"부장님, 이제 다 끝났는데요. 조금만 더…"

"아 글쎄 됐다니까 그러네!"

김 부장은 버럭 고함을 질렀다. 어느덧 얼굴이 심하게 실룩거리고 있었다.

"알겠습니다. 그럼 지적해 주실 사항을 말씀해 주십시오."

김 부장은 탁자 아래로 시선을 두면서 잠시 침묵을 지켰다. 무언가 심각하게 고심하는 기색이었다.

"저기, 최 대리. 이번 발표 때 사장님이 참석할 거야."

김 부장은 최 대리의 안색을 살폈다. 최 대리는 속으로 무척 놀랐으나 침착하게 대답했다.

"아, 네. 그렇습니까? 그런데요, 부장님?"

"이봐! 자네는 그게 무슨 의미인지 잘 모르는 모양인데 아무튼 이걸로는 안 되겠어!"

"어떤 게 안 된다는 말씀이세요?"

"자네 발표 자료를 좀 보란 말이야! 이게 어디 제대로 된 자료라고 볼 수 있나?"

"부장님, 좀더 구체적으로 말씀해 주십시오. 잘못된 것을 정확히 알아야 제가 고칠 것 아닙니까?"

프레젠테이션 메시지 만들기

발표자가 프레젠테이션 주제에 대한 해답을 찾고 설득할 수 있는 논리와 사례도 갖췄다면, 다음으로 할 일은 메시지를 구성하는 일입니다(해답 → 메시지). 메시지 구성 방법은 다음과 같습니다.

1. 스토리 라인 구성

전체 메시지를 여러 개의 작은 핵심 메시지로 구성된 스토리로 만든다.

2. 메시지의 기본 단위

한 개의 핵심 메시지를 하나의 슬라이드에 담는다.

3. 배열의 미학

작은 핵심 메시지를 서론 – 본론 – 결론 3개 그룹으로 분류한다. 스토리를 적절히 배열하려면 '강조'와 '흐름'을 살려야 한다.

메시지 구성의 예

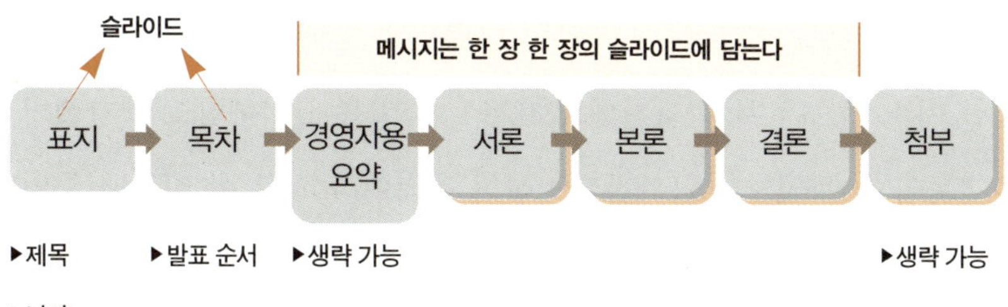

"구체적이고 뭐고 자네 자료 만든 게 이게 뭔가! 도대체 파워포인트 하나도 잘 못하면서 어떻게 프레젠테이션을 하겠다고 나서는 게야?"

최 대리는 내심 자신 없어 하던 부분을 찔린 꼴이 되어 약간 당황했다. 발표 기술이 취약한 상태에서 자료를 만들었기 때문이었다. 최 대리도 나름대로 자료에 시각 효과를 주려고 노력했지만 아무래도 부족했다. 기획 기술을 공부하며 자료의 뼈대와 살은 만들었지만 여기에 아름다운 옷을 입히지는 못했던 것이다. 발표 기술까지 익히고 자료를 만들기에는 너무 시간이 부족했다. 하지만 최 대리도 논리가 분명했다.

"부장님, 제가 아직 자료를 제이슨이나 다른 경력자들처럼 세련되게 만들지 못하는 것은 인정합니다. 하지만 프레젠테이션이 미술이나 디자인 전시회가 아닌 것도 사실이잖아요. 자료의 형식적인 모양새가 전부는 아니라고 생각합니다. 다소 미흡하긴 하지만 제가 전달하고자 하는 메시지는 충분히 담겨 있고 또 의미가 있는 내용이라고 생각합니다."

명석은 조금도 주눅 들지 않고 당당하게 말했다. 길 선생이 제시한 기획 기술을 통해 자신에게 요구된 사명을 달성했다고 생각했기 때문이다. 무엇보다 프레젠테이션의 목적이라고 할 수 있는 청중의 문제 해결을 충분히 설득력 있게 프레젠테이션 메시지로 만들었다고 자신했다.

"이것 봐! 최명석 대리. 자네가 무슨 프레젠테이션 전문가라도 되는 줄 착각하는 모양인데, 미안하지만 자넨 멀어도 한참 멀었어! 내가 이래서 백그라운드 약한 사람은 들이지 말라고 했던 건데 말이야! 허 상무 앞잡이라는 소문이 돌아 혹시나 했는데 틀린 말이 아니었어."

"부장님, 말씀이 좀 지나치신 것 아닙니까?"

"지나치긴 뭐가 지나쳐! 아니 파워포인트 기초도 되어 있지 않은 사람이 뭐 메시지가 어떻고 의미가 어떻고 말이야 건방지게. 그리고 자네가 지금 회사에서 혁신에 반대하는 허 상무 *끄나풀*이라는 소문은 알 만한 사람은 다 아는 사실이야! 자네 발표 내용도 허 상무 사주를 받은 티가 팍팍 나더군 그래."

"발표 자료의 디자인이 부족하다고 하시면 남은 기간 동안 자료를 좀더 다듬도록 하겠습니다. 하지만 내용에 대한 평가는 부장님이 아니라 청중에게 받겠습니다."

"아니, 더 이상 그럴 필요 없네. 자네는 이 일에 신경 쓰지 않아도 되네."

"아니 그게 무슨 말씀이십니까?"

"내 자네를 보니까 다시 기회를 준다고 해서 더 나아질 것 같아 보이지도 않고 해서 말이야, 다른 사람에게 프레젠테이션을 맡기기로 결심했네."

"그, 그런…."

최 대리는 김 부장의 말이 믿기지 않아 잠시 할 말을 잃었다.

"내가 할 말은 다 끝났으니 이제 그만 가보게."

"싫습니다, 부장님. 저는 받아들일 수 없습니다."

최 대리도 이대로 물러설 수는 없다고 생각하며 단호하게 말했다.

"받아들이고 받아들이지 않고는 내가 상관하지 않겠네만 자네를 발표자로 정할지 말지는 우리가 결정하는 거야! 알겠습니까? 명석 대리, 최 대리님?"

"우리? 우리라뇨, 부장님?"

"어험! 뭐 이미 강 상무님도 자네가 아침에 보낸 자료를 보시고 내게 귀띔을 하셨네. 사장님께서도 참석하시는 자리인데 자료나 발표자가 좀 부족한 것 같다고 말이야. 그러니 자네는 그렇게 알고 있어!"

프레젠테이션 최 대리 따라하기

여기까지 진행된 결과를 두고 최 대리가 어떻게 프레젠테이션 준비를 했는지 따라가 보겠습니다.

1. 청중을 분석

인터뷰 방식 사용.

2. 청중의 의견을 분석

자료 분석을 통해 청중의 의견에 관한 근거와 사례를 검토(해답을 찾기 위한 과정).

3. 해답 결정

한 쪽 의견을 지지(허 상무), 분석적 방법.

4. 해답을 메시지로 구성

프레젠테이션 배열과 표현 기법 사용.

5. 메시지 구성에 발표 기술 미흡하게 적용

자료 구성 능력이 부족하다고 김 부장에게 꼬투리를 잡힘.

3장
프레젠테이션 달인의 길

Presentation master

청중이 프레젠테이션을 통해 발표자에게 기대하는 것, 그것은 바로 어떤 답이 청중에게 이익이 되는가를 결정할 수 있게 해주는 것이다.

희망은 1퍼센트로도 충분하다

정아는 사표를 내고 나서 조용히 짐을 꾸렸다. 막상 정리를 하니 1년 반 동안의 흔적이 제법 쌓였구나 싶었다. 서랍 한 귀퉁이에서 신입사원 수첩이 나왔다. 신입 시절 자신의 포부가 담긴 글을 보자 정아는 눈이 흐려졌다.

정아는 단짝이었던 진영에게만 그간의 사정을 털어 놓았다.

"그런 이유 때문에 이렇게 갑자기 퇴사를 한단 말이야?"

진영은 갑작스러운 정아의 사직 발표에 적지 않은 충격을 받았다.

"퇴직 권고를 받은 마당에 더 이상 회사에 미련 둘 게 뭐 있어. 하루라도 빨리 나가고 싶어."

"아니 김 부장은 그걸 어떻게 알아낸 거야?"

"전산실 담당자에게 메일 체크하라고 미리 손을 써 놓았었나봐. 개인 메일이라 모를 줄 알았는데, IP 추적까지 해서 증거로 내미는데 뭐라 할 말이 없더라고."

"아무리 그렇다고 해도 너무 하는 거 아냐? 타부서 부장의 맘에 들지 않는 일 좀 했다고 해고를 하고 말이야. 여기가 김 부장 개인 회사야 뭐야?"

"우리 부서 이미 구조조정 계획이 있었잖아. 그렇지 않아도 누구를 내보내야 할지 고민하는 판국이었을 텐데… 진영아, 나 괜찮아.

어차피 회사를 나갈 거면 차라리 지금이 더 나을 것 같다는 생각이
들어.”

“아니 이놈의 회사는 초일류가 된다고 큰소리치면서 뒤로는 구조
조정이나 하고 말이야! 그런데 너는 왜 그렇게 약한 모습을 보이고
그래? 이럴 때일수록 악착같이 버텨서 김 부장에게 본때를 보여줘
야지!”

“그래! 잠깐 그렇게 할 수도 있겠지. 그리고 가능성은 별로 없겠
지만 내가 다시 회사에 남게 될 수도 있을 거야. 하지만 진영아, 나
는 그렇게 하고 싶지 않아. 이번 일을 겪으면서 깨달은 것이 있어.”

“깨달은 거라니?”

“나는 앞으로, 시간이 좀더 걸리더라도 내가 꼭 있어야 하는 자리
에 있고 싶어. 내가 아니면 안 되는 그런 자리 말이야. 더 이상 누가
나에게 내 운명을 선택하게 하고 싶지 않아.”

“너, 마음 단단히 먹었구나?”

“그래. 그러니까 더 이상 말리지 마.”

최 대리는 벌써 몇 시간째 아무것도 하지 못하고 멍하니 자리에
앉아 있었다. 손으로는 인터넷 서핑을 하고 있었지만 눈은 모니터가
아니라 창밖에 머물러 있었다. 지나가는 미래전략팀 동료들이 자신
을 흘끔흘끔 볼 때마다 모두들 자신을 비웃고 있는 것 같은 기분이
들었다.

처음에는 김 부장에게 화가 났지만 점점 자신에게 화가 나기 시작했다. 이유야 어쨌든 자신의 책임을 다하지 못했다는 생각이 들었던 것이다. '허 상무님이 나를 믿고 맡겼는데….' 그러고 보니 이렇게 프레젠테이션 발표자가 교체된 것만 보아도 허 상무가 좌천될 거라는 말이 소문만은 아닌 것 같았다.

최 대리는 자리에서 벌떡 일어섰다. 정수기 물을 두 잔이나 들이켰지만 시원하지가 않았다.

"무슨 물을 그렇게 많이 드세요?"

세 잔째 들이키려는 찰나에 키 작고 새침하게 생긴 여자가 앞을 막아섰다.

"누구시죠?"

"이진영이에요. 어제 인사를 드렸어야 했는데, 미주 혁신 세미나 때문에 오늘에서야 뵙네요."

정아를 대신해서 온 자료담당자였다.

"아, 네…."

"그래도 제가 자료는 많이 가지고 왔으니까 너무 실망하지 마세요. 정아가 메일로 다 못 보내고 남은 거라고 하면서 저에게 건네주더라고요."

"메일이라뇨?"

"정아가 보낸 메일 못 받으셨어요?"

"네? 정아 씨가 저한테 메일을 보내다니요?"

“정아가 쟈스민이란 ID로 메일을 보냈다고 알고 있는데….”
“아니, 그럼 토요일에 저에게 자료를 보낸 사람이….”
“네! 정아에요.”

진영을 만나고 자리로 돌아온 명석은 착잡했다. 정아가 주었다는 CD를 만지작거리며 명석은 잠시 생각에 잠겼다. 정아까지 그런 피해를 입을 필요가 있었을까? 생각해 보니 정말 어처구니없는 일이었다. 이제 프레젠테이션을 할 수도 없게 된 자신을 위해 아무 죄도 없는 정아가 희생되었다니! 아무리 생각해도 상식적으로 이해할 수 없는 일이었다. 이번 프레젠테이션에 관심이 집중되어 있다는 것은 최 대리도 느끼고 있었지만 이런 처사는 너무 심한 것이 아닌가 싶었다.

마침 정아는 자료 그룹 사람들과 작별인사를 하고 있었다. 무작정 달려오긴 했지만 막상 정아의 모습을 보자 명석은 무슨 말부터 해야 할지 몰랐다.
“어머, 최 대리님.”
정아가 명석을 보고 먼저 아는 체를 했다. 사람들과 서둘러 인사를 끝내고 정아는 명석에게 다가왔다. 그런데 정아는 의외로 밝고 담담해 보였다.
“진영이가 벌써 얘기를 했군요. 별로 도움도 못 드리고 떠나게 되어 죄송해요.”

“대체 이런 법이 어디 있습니까?”

“죄송합니다. 나름대로 열심히 만들었는데 제 자료가 좀 부족했죠?”

“정아 씨, 저한테 그 죄송하다는 얘기 좀 하지 마세요. 그리고 이렇게 사람을 미안하게 해놓고 그냥 떠나면 저는 어떻게 하라는 말입니까?”

명석은 평소보다 감정이 격앙되었지만 오히려 말을 더듬지는 않았다.

“죄송해요. 어머! 하지 말라고 하셨는데…. 아무튼 최 대리님이 미안해할 필요는 없어요. 제가 떠나게 된 게 최 대리님 때문은 아니니까요. 그리고 따지고 보면 그 누구 때문도 아니에요. 물론 처음엔 다른 사람들을 원망하기도 했지만 이제는 저 자신 때문에 떠나는 거라고 생각하고 있어요.”

“무슨 말을 하는 건지 잘 모르겠군요. 어쨌든 전 이 자료들 받을 수 없습니다. 정아 씨를 퇴사로까지 몰고가며 만든 자료를 쓰고 싶지도 않고 또 더 이상 쓸 수도 없게 되어버렸단 말입니다.”

“쓸 수 없게 되었다니요? 최 대리님이야말로 무슨 말씀이세요?”

정아는 명석의 설명을 듣고 있는 동안 얼굴이 점점 굳어갔다.

“정말 실망스러운 얘기네요.”

정아의 침울한 표정을 보자 명석은 갑자기 죄인이 된 듯한 기분이었다.

"최 대리님!"

잠시 침묵을 지키던 정아가 이름을 부르자 명석은 가슴이 덜컥했다.

"네?"

"제가 뭐 하나 여쭤볼게요."

"네, 그러시죠."

정아는 갑자기 야무진 표정을 지으며 명석을 취조하듯 다그쳤다.

"최 대리님은 그동안 무엇 때문에 그렇게 열심히 프레젠테이션을 준비했던 거죠?"

"그, 그야 뭐. 누구를 위해서라기보다 업무 지시를 받았으니 당연히 해야 하는 거고 또 회사에서 하는 일이니까 다른 사람들에게도 만족스럽게 해야 하는 거고… 뭐 그러고 보니 결국 꼭 누구를 위해서라고 한다면 우선 주변 사람들에게 만족을 주어야 하고 그래야 결국 내가 회사에서 제 몫을 하는 거고 뭐 그런 것 아닌가요?"

갑작스런 정아의 질문에 최 대리는 스스로 생각해도 횡설수설 대답했다.

"후후, 맞아요. 우선 내가 살아남으려면 윗사람들이나 동료들에게 인정을 받아야겠죠. 저도 사실 그렇게 생각하고 그렇게 일해 왔어요. 하지만 이제는 생각이 바뀌었어요. 바로 얼마 전에 책에서 읽은 구절 때문에요."

"어떤 구절이었는데요?"

"아무도 보아주지 않아도 하늘이 보고 있다고 생각하고 일하라고요."

"하늘이 보고 있다? 우리가 일하는 것을요?"

"네. 누가 알아주지 않아도 스스로 최선을 다하고 스스로 만족할 수 있어야 한다는 뜻으로 해석했어요. 이번 일이 비록 최 대리님에게 큰 도움이 되지 않아 속이 좀 상하지만 저는 그냥 제가 할 수 있는 최선은 다했다고 생각하고 만족하기 때문에 더 이상 아쉬움은 없어요."

"하지만 하늘이 무심하게도 이렇게 회사를 떠나도록 내버려두고 있는데도요?"

"그래요. 노력은 최선이었지만 결과는 그렇지 못하긴 하죠. 하지만 그 나쁜 결과도 제가 최선을 다한 후에 생긴 것이라 어쩔 수 없다는 생각이에요. 그래서 다음에는 제가 다한 최선이 저에게 최선의 결과로 올 수 있는 일을 찾아볼까 해요."

"어떤 일을 하실 건데요?"

"아직 정하지 않았어요. 그냥 제 운명을 시험해 보고 싶은 일들이 머릿속에 가득해요. 그걸 생각하면 마음이 설레기까지 하는 걸요."

"새로운 일을 한다는 게 쉽지는 않을 텐데…."

"아직 제 젊음이 든든하게 받쳐주고 있으니까 걱정 없어요."

얼굴에서도 빛이 난다고 했던가? 회사를 떠나는 사람답지 않게 정아의 얼굴에 시종 빛이 나던 이유를 명석은 이제 좀 알 것 같았다. 그 순간 정아의 얼굴은 더 이상 10년 동안 명석의 마음속에 머물러 있던 첫사랑의 얼굴이 아니었다.

명석은 자신도 모르게 불쑥 정아에게 손을 내밀어 악수를 청했다. 막상 손을 내밀고 나서 명석이 어색해 했지만, 정아는 그 손을 덥석 잡고는 가볍게 흔들었다. 짧은 순간이었지만 둘 사이에 서로를 신뢰하는 미소와 따뜻한 눈길이 오고 갔다. 그렇게 정아는 떠나갔다.

"뭐? 사장님을 만나게 해달라고? 선배, 우리가 아무리 친한 사이라고 해도 그건 좀 곤란해."

"무리한 부탁이라는 건 나도 알아. 하지만 이 상황에서 문제를 해결해 줄 수 있는 사람은 사장님뿐이라고!"

명석은 정아의 일까지 거론하면서 계속해서 재촉했다.

"선배, 우리 좀더 냉정해지자. 정아 씨 일은 내가 보기에도 참 안됐어. 그리고 선배 기분은 충분히 이해하지만 흥분한다고 해결될 일이 아니야."

"그럼 어떻게 해? 이대로 포기해야 한단 말이야? 선영아, 난 절대 여기서 물러설 수 없어! 네가 좀 도와줘."

"좋아 선배, 그럼 이렇게 하자. 선배를 다시 발표자로 결정하는 문제는 지금 와서 어떻게 할 수 있는 문제는 아닌 것 같아. 하지만 선배 발표 자료를 내가 기회 봐서 사장님께 보여드리는 건 적극 추진해 볼게.”

“정말? 그래, 그렇게라도 해줄 수 있으면 돼! 고맙다, 선영아. 이 은혜는 잊지 않을게.”

“큰 기대는 하지 마. 나도 장담할 수 없어. 그리고 내가 드린다고 사장님이 본다는 보장도 없고 말이야. 거기다 사장님이 선배 자료를 보고 생각을 고쳐먹을 가능성은 1퍼센트나 될까 말까야.”

“괜찮아! 1퍼센트라도. 그만큼의 희망은 남아 있는 거잖아!”

선영과 헤어지고 나서 명석은 마음을 새롭게 다졌다.

‘그래, 1퍼센트의 희망과 1퍼센트도 없는 절망과는 하늘과 땅 차이다. 비록 내가 이번에 프레젠테이션은 못하게 되었지만 마지막까지 최선을 다해 발표 준비를 하자. 선영이 말대로 사장님이 내 자료를 보게 될 가능성이나 본 후에 동의를 하게 될 가능성은 거의 없다. 하지만 누군가 알아주지 않더라도 나 자신과 나를 보고 있는 하늘 그리고 아무런 보상도 없음에도 나를 위해 자료를 보내준 정아 씨에게, 나도 최선을 다했노라고 자부할 수 있도록 하자. 거기까지가 이번 프레젠테이션에서의 내 몫이다.’

D-Day, 발표의 달인을 만나다

"우르릉 쾅쾅."

마치 전쟁이라도 난 듯 요란한 천둥소리에 명석은 잠을 깼다. 시계를 보니 아직 4시였다. 창 밖에는 봄비답지 않게 장대 같은 소낙비가 창문을 두드리고 있었다. 4시면 아직 조금은 더 잘 수 있는 시간이었다.

4월 29일! 마침내 2주일 동안 최 대리의 가슴을 옥죄었던 발표 날 아침이 되었다. 비록 최 대리는 발표자에서 밀려났지만 가슴이 설레었다.

아파트 현관을 나서자 하늘이 언제 그랬냐는 듯 맑게 개어 있었다. 최 대리는 자리에 앉아 발신함을 확인했다. 오전 9시 10분 개봉. 어제 저녁 최 대리도 자신만의 발표 자료를 완성했다. 그리고 실낱 같은 희망을 실어 윤 대리에게 메일을 보냈는데 오늘 아침에 읽어본 것이다. '사장님께도 보여 주었을까?' 최 대리는 제우스 회의실로 향하면서 궁금증이 일었다.

사장이 참석한다고 해서인지 회의실이 비너스실에서 제우스실로 바뀌었다. 이름처럼 웅장하고 화려한 제우스에 도착해 보니 의자가 평소와 다르게 놓여 있었다. 슬라이드 화면이 비치는 벽면을 향해 긴 직사각형으로 배치되어 있던 테이블이 치워지고 V자 형태로 의자가 배치된 것이다. V자의 꼭짓점은 사장이 앉을 터였다.

임원들은 사장이 참석한다는 소식을 들은 탓인지 발표 시작 5분 전에 모두 자리를 채웠다. 최 대리는 가장 후미진 벽쪽 의자에 앉아 조용히 눈을 감고 기다렸다. 누가 최 대리를 대신해서 발표를 할지 궁금했다. 그리고 그 짧은 시간에 발표 준비를 해야 했을 발표자가 가엾게 느껴지기도 했다.

한쪽을 보니 김 부장과 제이슨이 무언가 심각하게 얘기를 나누는 것이 보였다. 아직 발표자는 도착하지 않은 것 같았다. 사장이 도착하자 임원들이 일제히 일어섰다가 사장이 앉자 다시 자리에 앉았다. 그때 발표대 앞으로 제이슨이 나섰다.

"안녕하십니까? 오늘 '수요 예측 향상을 통한 혁신 방안'이라는 주제로 발표를 맡게 된 미래전략팀 제이슨 장입니다."

제이슨은 양손을 벨트 아래에서 가볍게 엮은 자세로 또박또박 발표를 시작했다. 명석은 놀란 가슴을 진정시키려 애쓰며 제이슨의 발표를 들었다. '제이슨이 발표자라니!' 그런데 발표 내용은 더욱 예사롭지가 않았다. 아무리 제이슨이 프레젠테이션의 베테랑이라고는 하지만 불과 며칠 동안 준비한 자료라고 믿기 어려웠다.

"그럼 여기서 우리의 경쟁사인 미국 마이크론에서 도입한 수요 예측 시스템 '멜로디'를 직접 한 번 보시겠습니다."

제이슨은 시스템 데모까지 해가면서 수요 예측 시스템을 통한 혁신의 성공 사례를 보여주었다. '멜로디'는 화려한 기능을 선보이며 임원들의 감탄을 자아냈다. 특히 강 상무는 흐뭇한 미소를 지으며 제이슨의 발표에 만족하는 것 같았다.

"이 자리에 계신 임원 여러분께 발표자로서 마지막으로 간곡하게 말씀드리고 싶은 것이 있습니다. 수요 예측이나 수요 예측 개선을 통한 혁신은 결코 지금 제가 보여드린 시스템이 전부는 아니라는 것입니다. 수요 예측, 나아가 영업 업무 혁신은 우리가 반드시 도입해야 하는 과제입니다. 따라서 이 혁신이 성공을 거두기 위해서는 단순히 시스템 도입에 그칠 것이 아니라 조직의 변화가 뒷받침되어야 한다는 것을 말씀드리고 싶습니다.

앞에서 설명 드린 것처럼 다음의 두 가지 모두 피해야 합니다. 첫째, 단순히 시스템만을 도입해 경제적, 기회비용적 손실을 본 회사들의 사례. 둘째, 시스템 도입 없이 기존의 업무 방식을 고집해 경쟁에 뒤처진 사례. 두 가지 모두가 우리로서는 반면교사로 삼아야 할 방법이라고 생각합니다.

혁신 전략에 맞춘 시스템으로 업무 방식의 변화를 이루고, 나아가 이를 확고히 뒷받침할 수 있는 조직 변화를 통해 마침내 혁신은 완성될 수 있습니다. 제 예측에 따르면 수요 예측을 통해 업무 혁신을 이룰 경우 향후 5년간 우리 회사의 업무 효율은 1년 후 20퍼센트, 3년 후 60퍼센트, 그리고 5년 후에는 100퍼센트 이상의 향상을 가져올 것으로 보이며, 이것을 금액으로 환산하면 매출액의 10퍼센트까지 비용을 절감할 수 있습니다.

수요 예측 향상을 통한 영업 업무 혁신의 추진, 이것은 지금 우리에게 주어진 선택이 아니라 필수입니다. 여러분!

감사합니다. 이것으로 발표를 마치고 질문을 받겠습니다."

발표가 끝나자 모두가 제이슨의 마술 같은 프레젠테이션에 최면이라도 걸린 듯 아무 말도 하지 않았다. 누가 보아도 제이슨은 청중을 확실하게 사로잡은 것 같았다.

"매출액의 10퍼센트라면 엄청난 비용 효과인데 좀더 자세히 설명해 주실 수 있습니까?"

가장 먼저 침묵을 깨고 질문을 던진 사람은 강 상무였다.

"네, 알겠습니다. 먼저 첨부 자료를 보여드리겠습니다."

제이슨이 보여준 첨부 자료는 복잡한 매출 관련 데이터와 수식으로 빽빽하게 채워져 있었다. 연간 수요 예측 실패로 인한 비용 손실 금액을 각 월별, 분기별로 정리하고 다시 손실의 내역을 재고 비용, 판매 기회 상실 비용, 자재 폐기 비용 등으로 세분화하여 정리하였다. 모두가 회사의 내부 자료를 정확하게 인용하고 있었기 때문에 누구도 제이슨에게 반론을 제기하지 못했다.

"수요 예측을 개선해서 성공했다는 회사 사례를 좀더 구체적으로 설명해 주시겠습니까? 당시 그 회사의 수요 예측 시스템이나 조직 등이 어떠했는지 궁금하군요."

강 상무가 일단 시작을 하자 임원들이 연이어 질문을 쏟아냈다. 그런데 제이슨은 그 모든 질문을 예상하고 있었던지 조금의 망설임도 없이 설명했다. 그리고 그 설명은 단순히 '그럴 것이다' 라는 것이 아니라 모두 데이터를 통한 답변이어서 듣는 이에게 신뢰를 주기에 충분했다. 모두가 제이슨의 답변에 만족하고 있을 무렵 허 상무가 드디어 입을 열었다.

"제가 알기로는 수요 예측을 향상시킨다는 명분으로 시스템을 도입했다가 실패한 사례도 많이 있는 것으로 알고 있습니다. 1980년대 말부터 1990년대 초에 일본의 D사와 H사 등 반도체 회사들이 수요 예측 시스템을 맹신하다 한국에 뒤처지게 되는 계기가 되었던 것은 잘 알고 계시겠지요? 그 점에 대해서는 어떻게 생각을 하시는지요?"

모든 임원들이 일제히 허 상무를 쳐다보았다. 예상했던 반론이 예상했던 사람에게서 나오자 모두가 긴장한 얼굴이었다.

"좋은 질문 감사드립니다, 허 상무님. 상무님께서 지적하신 실패 사례를 다음의 세 가지 유형으로 나누어 설명 드리겠습니다. 먼저 A기업은 시스템을 도입했지만 업무 형태를 바꾸는 데 실패한 사례입니다. 다음, B기업은 시스템 도입과 함께 업무 형태도 바꾸었지만 조직을 바꾸는 데 실패한 사례입니다. 그리고 마지막으로 C기업은 시스템의 변화 없이 업무 형태와 조직만을 바꾼 사례입니다. 각 유형을 실제 사례와 데이터를 통해 설명 드리면 다음과 같습니다."

제이슨은 사례별로 구체적인 당시 상황과 데이터 그리고 관련된 사람들의 증언 등을 토대로 간단하면서도 명료하게 설명했다. 최 대리가 보기에도 바늘 구멍만 한 틈을 찾을 수 없는 완벽한 논리와 사례였다. 이후 몇 가지 질문이 더해졌지만 제이슨은 정해진 질문 시간 20분 동안 완벽하게 대답했다.

"더 이상 질문이 없으시면 이것으로 오늘 저의 발표를 모두 마치겠습니다. 감사합니다."

갑자기 누군가가 박수를 치기 시작했다. 다른 임원들도 박수를 치고 사장까지 팔을 길게 뻗어 큰 박수를 쳤다. 김 부장은 계속해서 두 엄지손가락을 치켜들며 제이슨에게 흔들어 댔다. 완벽한 프레젠테이션. 최 대리는 제이슨의 발표가 완벽에 가까웠다고 생각했다.

상생할 수 있는 전략은 없는가

"이제 이것으로 게임은 끝난 셈이군 그래."

"강 상무의 완벽한 승리야."

"허 상무에 대한 소문이 이제 사실이 되겠구먼."

"쯧쯧, 그러게 조금 잘 나간다고 설치고 방심하면 안 된다니까."

"사람이 대세를 탈 줄도 알아야지 너무 혼자서만 올곧게 나가면 안 되지."

최 대리 앞에서 임원들이 술렁이며 속삭이는 소리가 들려왔다. 최 대리는 당장이라도 발표대로 뛰어올라가 준비해 온 프레젠테이션을

완벽한 프레젠테이션을 위한 마지막 준비 – 예상 질문 만들기

청중을 설득할 수 있는 논리와 사례까지 갖추고 자료를 완성했다면 이제 마지막으로 준비할 것이 예상 질문입니다. 제이슨의 프레젠테이션이 청중에게 완벽하게 보인 이유는 여러 가지가 있습니다. 하지만 무엇보다 큰 이유는 가장 어려워 보이는 허 상무의 질문에 잘 대응했기 때문입니다.

예상 질문은 특히, 다음과 같은 내용을 준비해야 한다.

1. 사실과 데이터를 확인하라

질문을 통해 청중은 정보를 얻고자 한다. 발표 내용을 '올바른 정보'로 받아들이기 전에 반드시 근거가 되는 사실과 데이터를 다시 한 번 확인해 보고 싶은 것이 청중의 특성이다. 발표에 쓰인 것보다 더 자세하게, 중요한 사실과 데이터를 암기하라. 청중이 질문했을 때 발표자의 입에서 청중이 미처 몰랐던 사실과 데이터가 주저 없이 쏟아져 나오면 청중은 발표자를 신뢰하고 정보를 받아들이게 된다.

2. 반대 의견에 대비하라

발표자가 청중 모두를 만족시키는 해답을 제시한다면 반대 의견이 없을 것이다. 하지만 대부분의 경우, 발표자의 의견에는 항상 반대가 있게 마련이다. 반대에도 3가지 종류가 있기 때문에 각각의 경우에 대비해 예상 질문을 만들 필요가 있다.

1) 반대 사례를 제시하는 경우다. 허 상무가 제이슨에게 질문했던 내용이기도 하다.

2) 발표자의 논리에 문제가 있다고 공격하는 경우다. 이는 논리적인 결함 이나 허점을 찾아내는 것이므로 논리의 근거가 올바른지, 논리를 전개 하는 데 문제가 없는지(추론 과정)를 청중의 입장에서 다시 한 번 확인해 보아야 한다.

3) 논리는 인정하지만 논리의 결과에 대해 공격하는 경우다. 예를 들면 이런 질문이다. "발표자의 말은 맞습니다만, 지금 우리 회사 현실에 그 런 시스템을 도입하는 것이 맞다고 보십니까?" 이런 식의 질문을 미리 예상하고 준비하지 않으면 발표를 할 때 대답하기 어렵다.

예상 질문을 잘 준비하면 보너스가 생깁니다. 그것은 바로 자신감입니다. 특히, 청중이 예상 질문 안에서 질문을 한다면 발표자는 더욱 자신 있게 프레젠테이션을 마무리할 수 있게 됩니다.

하고 싶었다. "아직 게임이 끝난 것이 아닙니다. 제 발표를 듣고 결정을 내려 주십시오"라고 외치고 싶었다. 하지만 그것은 상상일 뿐이었다. 프레젠테이션 발표자는 제이슨이었고 발표는 매우 훌륭했다.

제이슨이 발표 자리에서 물러나 자리에 앉자 강 상무가 앞으로 나왔다. 김 부장은 오른손으로 제이슨의 어깨를 감싸고 왼손으로는 계속해서 엄지손가락을 제이슨의 얼굴에 들이대며 난리를 피웠다. 그때였다. 모든 사람의 시선이 한 사람에게 집중되었다. 바로 사장이었다.

"여러분! 우리는 지난 산호세 회의 이후, 두 번째 혁신 과제로 지목한 수요 예측 향상 방안에 대해 다각도로 검토를 해왔습니다. 그리고 프레젠테이션을 통해 어느 정도 의견이 모아진 것 같습니다. 이제 우리는 이 시점에서 방향을 결정해야 한다고 생각합니다. 강 상무님?"

사장이 강 상무에게 눈짓을 하자 기다렸다는 듯이 강 상무가 말을 이었다.

"우리의 방향은 오늘 발표에 나타난 것처럼 명확하다고 봅니다. 그것은 수요 예측을 통한 혁신을 강력하게 추진해야 한다는 것입니다. 혁신을 추진하기 위해서는 우선 혁신을 일관성 있게 추진할 수 있는 전략이 필요합니다. 나아가 이를 뒷받침할 수 있는 시스템과 조직 정비도 시급하다고 봅니다."

말을 마치고 강 상무는 헛기침을 하면서 호흡을 가다듬었다. 멀리서 보아도 상기된 표정이 얼굴에 그대로 나타나 있었다. 그런데 조직 정비라는 말이 나오자 임원들 사이에서 다시 웅성거리는 소리가 들리기 시작했다.

"자, 그러면 새로운 변화를 준비하기에 앞서 사장으로서 제가 마지막으로 확인해 보겠습니다. 여기 이 자리에 계신 여러분! 오늘 프레젠테이션에서 제시한 의견에 모두 동의를 하십니까?"

사장의 단호한 목소리 때문이었을까 술렁이던 임원들은 일제히 입을 다물었다. 회의실은 잠시 정적이 흘렀다. 최 대리는 허완서 상무를 바라보았다. 의외로 허 상무는 담담한 표정이었다.

"반대 의견이 없으신 것 같군요. 그러면…"

강 상무가 나서서 서둘러 마무리하려는 참이었다.

"잠깐만요! 이의 있습니다."

낭랑한 목소리가 회의실에 울려 퍼졌다. 목소리의 주인공은 다름 아닌 최명석 대리였다. 누구보다 놀란 사람은 최 대리 자신이었다.

"무슨 일이지요, 최 대리?"

질문을 던진 강 상무뿐 아니라 모두들 의아한 눈초리로 명석을 바라보았다.

"그러니까… 저….'

막상 일어나 보니 최 대리는 말이 나오지 않았다. 일이 이렇게 끝나서는 안 된다는 생각은 들었지만, 그 다음 상황을 어떻게 수습해야 할지 몰랐다.

“아이고 이거 죄송합니다. 사장님과 임원들 앞에서 이런 일이 벌어지다니. 이 친구는 저희 부서에 있는 최명석 대리인데 제가 프레젠테이션 경험이나 쌓으라고 데려왔습니다. 최 대리, 어서 앉아!”

김 부장이 굽실굽실하면서 변명을 했다. 애초에 제이슨의 프레젠테이션을 보여주어 최 대리의 코를 납작하게 해주려고 참석시킨 것이었는데 이런 일을 벌이다니! 김 부장은 속으로 폭발하는 분노를 참으려다 보니 얼굴이 심하게 실룩거렸다.

“최명석 대리라… 최 대리라면?”

사장은 뒷좌석에 있는 선영에게 무언가를 확인하는 듯한 눈빛을 보냈다. 그러자 선영이 가볍게 고개를 끄덕였다. 그 순간 제우스 회의실을 쩌렁쩌렁 울리는 말소리가 들렸다.

“회사의 혁신은 최고경영자나 임원들만의 의지로 실현되는 것이 아니라고 들었습니다. 위에서 아래까지 회사의 구성원 모두가 혁신 의지를 자기 것으로 소화하고 공유해서 자신의 일로 받아들이는 것이 혁신의 첫걸음이라고 말입니다. 이것이 바탕이 되어야 모두가 혁신에 적극성을 발휘하고, 또 그래야만 혁신이 성공해서 성과를 기대할 수 있다고 강 상무님도 평소에 강조하시지 않았습니까?”

최 대리는 김 부장의 만류도 뿌리치고 하고 싶은 말을 시작했다. 이왕 내친걸음이다 싶었다.

“그런데요? 최 대리?”

평소 포커페이스로 알려진 강 상무마저 신경질적으로 반문했다.

"저는 이번 안을 좀더 많은 사람의 공감을 이뤄낼 수 있도록 소수의 의견을 더 들어보고 결정했으면 좋겠다고 생각합니다. 지금 많은 분이 혁신안에 동의를 하지만 그에 반대되는 견해도 있을 수 있기 때문입니다. 우리가 마이너리티 리포트(Minority Report)라고 하는 소수의 의견을 중시하는 것도 다수의 의견이 항상 옳다는 편견을 벗어나게 해주고 폭넓은 공감대를 만들 수 있기 때문이라고 봅니다. 그런 의미에서 저는…"

"최 대리, 최 대리의 말은 내가 잘 알겠어요. 그리고 그 말에 충분히 일리가 있다고 생각합니다. 하지만, 지금 이 자리에서 최 대리가 그런 말을 할 처지는 아니라고 보는데요."

강 상무는 불쾌한 감정을 애써 감추며 명석의 말을 저지했다.

"아! 잠깐만요. 우리 윤 대리가 발표 시작 전에 나에게 잠깐 보여주고 싶은 자료가 있다기에 훑어보았는데 꽤 일리 있는 의견이었습니다. 그런데 그 자료가 저기 있는 최 대리가 만든 것이라고 하더군요. 자! 우리가 시간이 많지 않으니 5분 안에 얘기해 보세요, 최 대리."

사장이 허락하자 모두가 침묵했다. 윤 대리가 눈짓으로 신호를 보내자 최 대리는 제이슨이 서 있던 발표대로 가서 사내 메일을 열었다. 그리고 윤 대리에게 보냈던 자료를 찾아 슬라이드로 비추었다. 최 대리가 만든 자료의 요약본(Executive Summary)이었다. 거기에는 지금까지의 상식을 뒤집는 사례가 담겨 있었다. 수요 예측을 통한 혁신의 모범 사례로 불리는 S사. 이미 세계 초일류 기업으로 성장한 S

사의 비밀 중 하나가 수요 예측을 통한 혁신이라는 건 이미 전 세계적으로 널리 알려져 있었다. 지극히 당연한 사례였기 때문에 제이슨은 인용조차 하지 않았다. 하지만 최 대리가 제시한 자료에는 S사의 수요 예측 실무자들의 증언과 S사의 내부 데이터가 담겨 있었다. 바깥으로 알려진 것과 달리 실질적으로 수요 예측의 변화가 혁신 이후 5년 동안 전혀 없었던 점, 오히려 실무자들의 업무 부하만 커져 내부 불만이 큰 점 등이 제시되었다. 사이버넥스가 늘 벤치마킹의 대상으로 삼는 S사였기 때문에 청중이 받은 충격은 적지 않았다. 정아가 용케도 S사의 비밀 자료를 찾아내지 못했다면 불가능했을 프레젠테이션이었다.

결국 열쇠는 당신에게 있다

명석의 돌발적인 프레젠테이션은 회사 내의 최고 화젯거리가 되었다. 비록 5분도 안 되는 짧은 프레젠테이션이었지만 사장을 비롯한 임원들의 마음을 흔들기에는 충분한 발표였기 때문이다.

어떤 사람들은 명석의 행동을 두고 주제넘은 짓이라고 비난했다. 윗사람에게 튀어 보이려고 회사의 중요한 발표 자료를 이용했다는 것이다. 이런 식이면 앞으로 수위나 운전기사들도 임원들 길을 막고 회사 전략에 대해 이렇게 하라 저렇게 하라 훈계하는 일이 생기지 말라는 법도 없을 거라면서 농담을 하기도 했다.

하지만 용기 있는 행동이었다면서 할 말이 있다면 하는 자세를 배워야 한다고 칭찬하는 사람도 많았다. 더욱이 사장이 그런 일을 허락한 걸 보면 젊은 사람다운 열린 사고라고 하면서, 사내에 수평적 커뮤니케이션의 장이 열렸다고 호들갑을 떠는 사람도 있었다.

한편 여직원들은 최 대리보다 윤 대리의 도움을 화제로 삼았다. 제이슨으로 인해 마음의 상처를 받은 윤 대리의 오랜 노림수가 분명하다면서 역시 여자의 한은 무서운 것이라고 입을 모았다. 회사의 핵심 임원들과 사장 앞에서 성공적으로 프레젠테이션을 끝낸 제이슨이 스타가 될 뻔했던 점을 감안하면 이보다 더한 복수는 없다는 것에 그들은 의견 일치를 보았다.

하지만 최 대리는 사내 소란에서 거리를 두고 컴퓨터를 노려보며 자료 만들기에 열중했다. 사장의 재검토 지시에 따라 1주일 후에 새롭게 프레젠테이션을 하게 되었는데 발표자로 최 대리가 다시 지명되었기 때문이다. 1퍼센트의 희망이 100퍼센트의 현실이 되어 찾아온 것이었다. 사내에서는 이런저런 쑥덕거림이 있었지만 최 대리는 신경 쓰지 않았다. 지금 중요한 것은 소수의 목소리, 하지만 보이지 않는 다수의 마음을 대변할 수 있는 내용을 보여주어야 한다는 생각뿐이었다. 비록 S사 사례를 통해 새롭게 기회는 주어졌지만 그것만으로는 부족했다. 그리고 제이슨의 발표를 보고 나니 자신의 자료에 부족한 점이 많다는 것이 절실히 느껴졌다. 어쩌면 프레젠테이션의 성공을 위해, 지금까지 걸어온 길보다 앞으로 남은 길이 더 힘들지도 모른다는 생각이 들었다.

최 대리는 우선 정아가 마지막으로 정리해 준 CD 자료를 다시 검토했다. CD를 보니 어제 보았던 정아의 모습이 떠올라 가슴이 아렸다. 퇴근길에 명석은 자신도 모르게 발길이 강남역으로 향했다. 진영이 묻지도 않았는데 정아의 얘기를 늘어놓은 것이 발단이었다.

"최 대리님 그거 아세요?"

"무얼요, 진영 씨? 아, 제가 부탁했던 A사 사례는 찾으셨어요?"

"네, 메일로 보내드렸어요. 그런데 정아가 회사를 떠나던 날 제이슨을 만났대요."

"아, 그래요?"

명석은 애써 태연한 모습으로 대답했다. 진영은 명석의 표정을 살피며 계속 수다를 떨기 시작했다.

"제이슨이 미안하게 되었다고 김 부장을 대신해서 사과한다고 하니까, 글쎄 정아가 제이슨의 따귀를 때렸다지 뭐예요! 정아 말이 다시는 제이슨을 보고 싶지 않다고, 그것도 자기가 회사를 떠나는 이유라고 제이슨에게 쏘아붙이고 돌아섰대요. 그런데 그 재수 없는 인간이 정아에게 뭐라고 했는지 아세요?"

발표 기술 맛보기 1-효율적인 자료 구성

프레젠테이션 자료의 기본 단위는 장표, 슬라이드(Slide)입니다. 그리고 효율적인 자료 구성은 한 장의 슬라이드를 어떻게 만드는가에 의해 결정됩니다.

1. 슬라이드 구성 3요소

슬라이드

1) 슬라이드 제목

2) 하나의 핵심 메시지

3) 메시지를 설명하는 내용: 설명 내용은 글머리, 도식, 시각화 자료, 데이터 요약 등으로 구성

2. 슬라이드 구성 사례

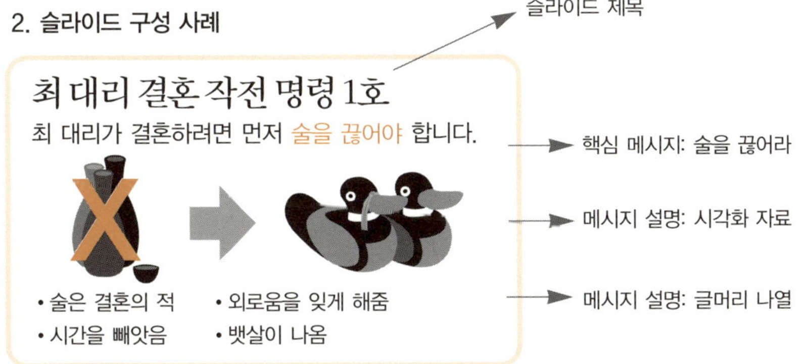

슬라이드 제목

핵심 메시지: 술을 끊어라

메시지 설명: 시각화 자료

메시지 설명: 글머리 나열

3. 슬라이드를 구성할 때 주의할 점

1) One 슬라이드-One 메시지 원칙

2) 전체가 한눈에 이해되도록 한다.

3) 강조하는 것이 눈에 띄어야 한다.

4) 메시지를 설명하는 차트, 표, 그림, 그래프 등은 핵심 메시지를 지원한다.

5) 전체 구성 요소 간에 통일성이 있어야 한다(글, 문자 비주얼, 그림).

6) 복잡한 데이터는 요약하고 도식화한다(다양한 그래프, 표 활용).

"글쎄요?"

"정아 씨, 다른 건 몰라도 우리 관계는 정아 씨의 오해였습니다 이러더래요. 그래서 정아가 홱 돌아서서 다시 한 번 따귀를 때리고 싶은 걸 꾹 참고 그냥 와 버렸다더군요. 나쁜 남자죠? 그렇죠?"

진영은 정아와 제이슨을 둘러싼 소문과 진실을 나름대로 분석하고 평가까지 해가며 열심히 설명했다. 그리고 정아가 더 이상 제이슨에 대해서는 조금도 미련이 없다는 사실을 몇 번이나 강조했다. 하지만 명석의 머릿속에 남은 건 맨 마지막에 진영이 남긴 말이었다.

"너무 급하게 회사를 나가 아직 다른 회사를 알아보지 못한 모양이에요. 그런데 부모님 눈치도 보이고 해서 집에 가만히 앉아 있기가 뭐했나 봐요. 그래도 편의점 아르바이트라니! 낮 2시부터 밤 10시까지 계속 서서 일해야 한다던데…. 주말에 잠깐 보자고 했더니 다리가 퉁퉁 부어서 집에서 쉬고 싶다고 그러더라고요. 여간해서는 주말에 집에 붙어 있기 싫어하는 앤데…. 편의점은 강남역 5번 출구 쪽에서 나오면 바로 있다고 하던데요. 5번 출구요!"

진영은 마지막 5번 출구를 강조하면서 동그란 눈을 더 크게 뜨고 최 대리의 눈을 똑바로 쳐다보았다. 마치 명석이 '몇 번 출구요?' 하고 물어본 것에 답을 한다는 표정으로.

명석은 퇴근하고 나서 지하철을 탈 때만 해도 강남역으로 갈 생각은 아니었다. 그런데 도착하고 보니 어느새 강남역 5번 출구 앞에 서 있었다. 몇 번을 망설였지만 끝내 명석은 편의점에 들어갈 용기가 나지 않았다. 투명한 유리 너머로 거스름돈을 챙겨주는 모자 쓴 점원의 얼굴이 보였다. 활기차고 밝았다. 명석은 마음이 놓였다. 하지만 안쓰러운 마음이 떠나지 않았다.

“최명석 대리!”
잠시 정아를 생각하던 명석은 깜짝 놀랐다.
“제이슨! 무슨 일이시죠?”
명석은 제이슨을 보자 얼굴이 굳어졌다.
“잠시 저랑 같이 가주셔야 할 곳이 있습니다.”
재촉하는 제이슨의 표정은 명석보다 더 딱딱해 보였다. 일식집 ‘해빈’은 거래선의 사장급이 오면 찾아가는 귀빈용 식당이었다. 명석은 제이슨을 따라 들어가면서 아무것도 묻지 않았다. 제이슨이 사무실에서 나온 이래로 내내 침묵을 지켰기 때문이다.
“어서 오게, 최명석 대리!”
강 상무였다. 1인당 10만 원짜리 정식이었지만 명석은 맛을 느낄 수 없었다. 강 상무의 서릿발 같은 혁신론을 듣느라 무슨 음식이 지나갔는지도 모르는 경우가 대부분이었다.
“최 대리. 내가 제일 좋아하는 말 가운데 하나가 바로 ‘대를 위해 소를 희생한다’는 것이네. 사내의 의견 중에서 어떤 것이 대세인지는 이미 판결이 났다고 보네. 지금 우리에게 필요한 것은 다수가 바라는 혁신을 살려야 한다는 것일세. 그게 비록 소수의 의견을 희생하는 아픔이 따르더라도 말일세.”

“상무님 말씀 잘 알겠습니다.”

“그래? 자네가 이제야 얘기가 통하는 것 같구먼.”

“하지만 그 소수의 의견이 올바른 것이면 어떻게 해야 합니까?”

“이것 봐, 최 대리! 우리 회사는 지금 하루 빨리 새로운 혁신의 걸음을 힘차게 내딛느냐 아니면 과거에 계속 머물러 있느냐는 기로에서 있네.”

“상무님, 걸음을 내딛기 이전에 그 혁신이 과연 우리 회사에 적합한 것인지 아니면 우리를 잘못된 길로 이끄는 것인지 충분히 검토해야 하는 것 아닙니까? 바로 그런 이유 때문에 제이슨의 발표 이후에 저에게 다시 기회가 온 것이라고 생각합니다.”

“혁신은 그 자체가 올바른 것이야! 이 세상에 잘못된 것이 하나 있다면 변화를 두려워하는 그 마음뿐일세! 위험에 빠지지 않을까 주저하고 망설이면서 어떻게 남보다 앞서가겠나. 그게 다 지금 지닌 것에 안주하려는 보수적이고 수구적인 태도에서 생겨난 것이네.”

“무조건 새로운 것이 좋은 것이고, 옛 것은 나쁜 것이라는 생각도 문제가 있는 것 아닙니까?”

“더 이상 긴 얘기는 하지 않겠네. 하지만 이것만은 명심하게. 어차피 가야 할 길이고, 결국은 갈 길인데 자네가 그 길을 막는 역할을 해서는 안 된다는 것일세!”

최 대리는 회사로 돌아와 허 상무 비서에게 전화를 걸었다. 이왕 강 상무의 의견을 다시 들어본 이상 허 상무의 의견도 다시 들어보아야 한다는 생각이 들었다.

"상무님 바쁘실 텐데 이렇게 또 시간을 내주셔서 감사합니다."

"나보다 자네가 고생일세. 자리에 앉게나."

숨 막히고 긴박했던 강 상무와 달리 허 상무는 여유로운 표정이었다.

"요즘 들어 모두가 혁신, 혁신하는데 말이야. 사실 그동안 나만큼 지나치게 앞서가지 말라는 소리를 많이 들었던 사람도 없었을 걸세."

"하긴 저도 기억하고 있습니다. 상무님이 제가 신입사원 시절에 국내 대리점 형태의 유통망을 없애고 전화나 인터넷을 통해 판매하는 방식을 키워야 한다고 주장했을 때 사내에서 반대가 심했지요."

"하하! 그렇지. 어디 그뿐인가? 내가 미국 법인 장으로 주재를 시작했을 때였지. 미국 시장에서 고전하고 있는 우리 회사 휴대전화를 고가품 위주의 프리미엄 전략으로 바꾼다고 선언하자 본사에서 어찌나 반대가 심했던지. 1년도 안 되었는데 본사로 다시 불러 들이겠다는 협박까지 받았었네. 하지만 지금 결과는 어떠한가? 국내 유통망도 이제 인터넷과 전화로 판매하는 게 당연한 것으로 인식되고 있고 프리미엄 전략 성공은 미국 MBA에서도 사례로 인용할 정도의 성공작이 되지 않았는가."

"회사 내에서는 항상 위험을 마다하지 않았던 상무님이 이제 변했다고 생각하는 것 같습니다."

"그게 바로 오해의 핵심이네. 나는 한 번도 위험한 일에 뛰어들려고 한 적이 없었네. 오히려 정반대였지. 위험을 파악하고 위험을 어떻게 최소화할 것인가를 고민했었네. 나는 오로지 시장이 원하는 것이 무엇이고 우리 회사에 적합한 것이 무엇인가를 생각했을 뿐이야. 그리고 거기서 기회를 포착하고 그 기회에 초점을 맞추었던 것일세. 그것이 다른 사람들 눈에는 위험에 뛰어드는 것으로 보였겠지만 내게는 더 없이 좋은 기회를 잡는 것이었지. 위험을 싫어하는 관점에 서라면 나처럼 보수적인 사람은 없다네."

"그렇다면 수요 예측을 통한 혁신에 대해 상무님이 생각하시는 것은 무엇입니까?"

"지금 추진하고 있는 혁신에 관한 나의 입장은 한결같네. 그것이 시장이라는 현실에 발을 딛고 있는 것인지, 위험을 최소화하는 선택인지 그리고 우리에게 기회를 제공하는지, 그것을 분명히 살피고 선택해야 한다는 것일세. 내가 자네에게 부탁하고 싶은 것은 이것뿐일세."

제이슨의 프레젠테이션에 영향을 받은 탓일까, 최 대리가 보기에 허 상무는 수요 예측을 통한 혁신에 반대하는 목소리가 지난번보다 작아진 것 같았다. 하지만 혁신에 대한 본인의 소신은 명확히 밝혀, 결국 문제의 열쇠는 최 대리의 손에 100퍼센트 쥐어진 셈이 되었다.

프레젠테이션 전략의 힘을 믿어라

어제 몇 번이나 리허설을 했건만 허사였다. 최 대리는 사장을 중심으로 자리를 꽉 채운 청중을 보자 가슴이 쿵쾅쿵쾅 뛰기 시작했다. 최 대리는 크게 심호흡을 하고 발표대로 나섰다.

"안녕하십니까? 수요 예측을 통한 경쟁력 강화 방안이라는 주제로 오늘 프레젠테이션을 맡게 된 미래전략팀 최명석 대리입니다."

명석은 자신감 있는 표정으로 청중에게 골고루 시선을 주기 위해 노력했다. 그리고 그동안 어렵게 준비해 온 결실을 한 장 한 장 프레젠테이션 자료를 넘겨가며 펼쳐 보였다. 훗날 최 대리 자신이 돌아보면 어설프고 부족한 부분이 많은 발표일 수도 있을 것이다. 하지만 지금 이 순간만큼은 이것이 자신이 보여줄 수 있는 최선의 모습이라고 생각했다. 그는 정아가 우여곡절 끝에 보내준 자료를 자신의 주장을 뒷받침하는 데 인용했고 길 선생이 가르쳐준 기획 기술, 그리고 제이슨을 보며 익힌 발표 기술까지 모두 담아 혼신의 힘을 다해 프레젠테이션을 하였다.

"저는 수요 예측이라는 것이 결국 우리 회사 내부의 수요 계획을 잘 짜기 위한 것이라는 평범한 사실을 지적하고 싶습니다. 수요 계획은 우리 회사 자체에서 수요 예측을 통해 할 수도 있고, 전에 해왔던 것처럼 고객이 제시하는 수요 계획을 대부분 받아들이는 방법으로 할 수도 있다고 봅니다. 저는 기존의 방법을 새로운 수요 예측과 구분될 수 있도록 수요 관리라고 부르고 싶습니다.

여러분! 과연 수요 예측과 수요 관리는 서로 상반된 것일까요? 지금 회사 내에서는 수요 예측이냐 수요 관리냐를 놓고 '혁신이냐 아니냐'로 구분되어 입장이 나뉘어져 있는 것으로 알고 있습니다. 제가 내린 결론은 결코 이 둘이 서로 반대되는 것이 아니라는 점입니다. 오히려 둘은 서로를 보완하여 전체 수요 계획을 강화하는 방향으로 가야 한다는 것을 말씀드리고 싶습니다."

"대체 어떻게 두 가지가 보완이 될 수 있다는 말입니까?"

아직 질문 시간도 아닌데 어떤 임원이 질문을 던졌다. 그만큼 최 대리의 발표는 청중의 허를 찌르고 있었다. 그동안 모두가 수요 예측을 받아들이느냐 아니냐의 결정을 두고 고민했지 과거의 수요 관리와 보완되는 수요 예측 방법을 기대했던 사람은 아무도 없었기 때문이다.

"그 질문에 대한 답은 바로 우리 자신에게 있습니다."

"거 애매하게 얘기하지 말고 직설적으로 얘기해 봐요!"

"우리 회사의 제품을 보십시오. 어떤 것은 텔레비전이나 냉장고처럼 일반 소비자에게 직접 판매하는 제품입니다. 어떤 것은 전자부품처럼 일반 고객에게는 전혀 팔지 않고 기업 대 기업 간의 거래만 있는 제품도 있습니다. 그리고 모니터처럼 일반 고객에게 반, 기업 고객에게 반을 파는 중간 성격의 제품도 있습니다."

"그런데요? 그러한 제품과 수요 계획이 어떤 관계가 있다는 거지요?"

사장이었다. 프레젠테이션에서 사장이 직접 질문하는 경우는 1년에 한 번 있을까 말까 했기 때문에 임원 모두가 긴장하며 다음 대답을 기다렸다.

"일반 소비자에게 판매하는 제품은 워낙 고객 수가 많다 보니 수요의 변화가 매우 심합니다. 반면 기업 고객은 서너 달의 제품 생산 계획을 미리 짜놓고 있습니다. 따라서 우리가 제공하는 제품에 대한 수요도 어느 정도 안정적으로 움직인다고 할 수 있습니다. 결론적으로 일반 소비자는 수요 예측을 잘해야 고객의 수요 변화를 빨리 따라잡을 수 있습니다. 반면, 기업 고객은 고객이 주는 수요 정보에 어떻게 빨리 그리고 보다 정확하게 대응하느냐가 중요하다는 것입니다."

"좀더 쉽게 설명해줄 수 없을까요?"

재미있다는 표정을 지으며 허 상무가 물어왔다.

"네, 알겠습니다. 제가 드린 설명을 보완하는 다음의 그림(170쪽 참조)을 보아주시기 바랍니다."

그림 오른쪽 아래 Y텔레콤 같은 회사는 고객 대부분이 일반 사용자입니다. 이 경우, 수요 계획은 수요 예측 시스템이나 수요 전문가가 만든 것을 토대로 하고 있습니다. 이런 회사는 얼마나 수요 예측을 잘하느냐에 따라 회사의 운명이 좌지우지될 수 있습니다.

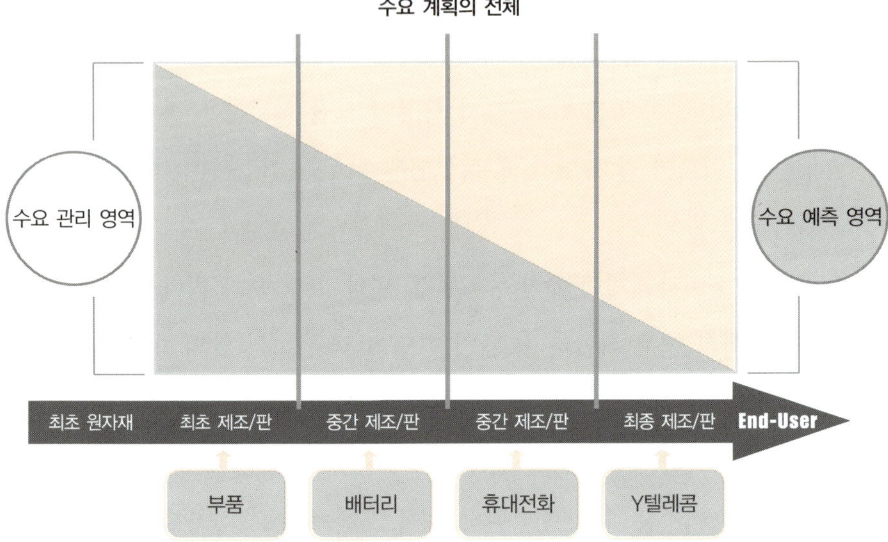

하지만 Y텔레콤에 휴대전화를 제공하는 업체를 보면 일반 고객과 기업 고객 간의 비율이 반반인 경우가 많습니다. 이 경우에는 수요 예측이 반, Y텔레콤 같은 기업 고객이 제공하는 수요 관리가 반이 됩니다. 이런 현상은 뒤로 갈수록 커집니다. 이를 테면 휴대전화보다는 반 부품 업체인 배터리 업체에 그리고 배터리 업체보다는 완전 부품 업체로 갈수록 수요 관리의 측면이 강해지는 것을 볼 수 있습니다.

"그러니까 우리 회사로 치면 텔레비전이나 냉장고 사업부는 Y텔레콤에 가깝고 모니터는 휴대전화나 배터리 업체에 가깝다는 얘기 아닙니까?"

어떤 임원은 벌떡 일어나 화면을 주시하기도 했다. 임원들이 웅성거리기 시작했다.

"그렇습니다. 만약 배터리나 부품 업체가 스스로 시장의 수요를 예측한다고 하면서 기업 고객이 제시한 수요를 무시한다고 생각해 보십시오. 그리고 Y텔레콤 같은 기업에서 고객의 수요 예측 활동을 게을리 한다고 생각해 보십시오. 둘 다 결국 수요 계획을 짜는 데 실패하는 경우가 된다고 볼 수 있습니다."

"그렇다면 우리 회사는 기업 고객에서 일반 고객까지 두루 상대해야 하는 데 어떻게 가는 것이 좋겠소?"

"제가 보기에는 두 가지 방법으로 가는 것이 좋다고 생각합니다. 텔레비전이나 냉장고 사업부는 수요 예측 방법을 적극 도입하여 수요 예측을 선도합니다. 그리고 부품만을 취급하는 사업부는 수요 관리 효율화 방안을 찾아 수요 관리를 선도하는 겁니다. 그렇게 했을 때 각 사업부의 수요 계획이 최적화되고 경쟁사 대비 경쟁력을 갖춰 이익을 극대화할 수 있다고 봅니다."

"이론은 좋은데 실제로 그렇게 일반 고객과 기업 고객으로 나누어 성공한 사례가 있습니까?"

강 상무였다.

"네, 있습니다. 잠시 첨부 자료를 보시겠습니다. 일본에서 최근 소니를 제치고 전자 업계 1위로 올라선 A사의 사례입니다. A사는 일반 고객만을 대상으로 하는 사업군을 묶어 공동 수요 예측 시스템을 도입했습니다."

발표 기술 맛보기 2－
압축하고 도식화하고 시각화하라

최 대리는 전달하고자 하는 메시지(해답)를 시각 자료로 보여주고 있습니다.
동일한 메시지라도 압축하고 도식화하고 시각화하면 청중에게 전달하기도
쉽고 강한 인상을 남길 수 있습니다.
최 대리의 예를 살펴 봅시다.

1. 메시지 일반

수요 계획은 수요 예측과 수요 관리로 나뉩니다. 수요 예측은 일반 고객
이 수요를 제공하는 경우이고, 수요 관리는 기업 고객이 수요를 제공합니
다. 수요 예측은 Y텔레콤 같이 일반 고객을 많이 상대하는 회사에 주로
필요하고, 수요 관리는 부품 회사처럼 기업 고객을 많이 상대하는 회사에
주로 필요합니다. 물론 휴대전화처럼 일반 고객과 기업 고객 중간에 위치
하는 회사도 있습니다. 이 경우 고객별 수요에 따라 수요 예측과 관리를
병행하게 됩니다.

2. 메시지 압축

1) 수요 계획 = 수요 예측 + 수요 관리

2) 수요 예측

① 수요 발생: 일반 고객이 수요 제공

② 제품: 일반 고객 대상 제품(예: Y텔레콤)

3) 수요 관리

① 수요 발생: 기업 고객이 수요 제공

② 제품: 기업 고객 대상 제품(예: 부품)

4) 수요 예측 + 수요 관리 병행

   ① 수요 발생: 개인 고객 + 기업 고객

   ② 제품: 휴대전화, 배터리 등

3. 메시지 도식화

	수요 계획		
	수요 예측	수요 관리	수요 예측+수요 관리
수요 발생	일반 고객	기업 고객	일반 고객+기업 고객
제품	일반 고객 대상 제품	기업 고객 대상 제품	일반 + 기업 고객 대상 제품
고객	Y 텔레콤	부품 회사	휴대전화, 배터리 회사

4. 메시지 시각화

최 대리 그림 참조(170쪽)

어떤 형태의 메시지가 가장 효과적으로 보이십니까?

최 대리는 내심 안도의 한숨을 내쉬며 설명을 계속했다. 모두가 어제와 그제, 예상 질문으로 뽑아 놓은 사항들에 대해 질문을 받았기 때문이다. 예상 질문을 50개 정도 준비하고 질문에 맞는 논리와 자료를 엮어 놓았기 때문에 유사한 어떤 질문도 명쾌하게 답변할 수 있었다.

몇 차례 질문과 답변이 더 오고갔다. 최 대리는 항상 준비된 자료를 바탕으로 근거를 제시하며 답변을 했기 때문에 누구도 답변에 의문을 달지 못했다. 시간이 아직 10분 정도 남았지만 더 이상 질문이 들어오지 않았다.

제우스 회의실에 침묵이 흘렀다. 최 대리는 청중을 한 명씩 살펴보기 시작했다. 허 상무는 만족한 표정을 짓고 있었다. 그 뒤로 강 상무는 자못 심각한 얼굴이었지만 고개를 끄덕이고 있었다. 제이슨은 고개를 숙이고 생각에 잠긴 듯했고, 김 부장만 떨떠름한 표정을 지으며 헛기침을 하고 있었다.

"이제 더 이상 수요 계획을 두고 다수니 소수니 하며 싸울 필요가 없어 보이는군요. 각 사업부에 맞게 최적화된 수요 계획이 수립될 수 있도록 미래전략팀에서 방안을 정리한 후 올리도록 하세요. 최명석 대리, 수고했습니다."

침묵을 깬 것은 사장이었다. 사장의 마무리로 큰 박수와 함께 최 대리의 프레젠테이션은 끝이 났다.

청중을 사랑하고 표현하라. 통할 것이다

"선배! 멋진데. 기대는 했지만 역시야!"

선영은 뒷정리를 하고 있는 최 대리에게 다가와 격려를 해주었다.

"어, 윤 대리. 다 윤 대리 덕분이지!"

명석은 윙크를 하며 윤 대리를 추켜 주었다.

"그나저나 마지막 그 절묘한 수요 계획 이론은 어떻게 만든 거야?"

"만들긴 내가 만들었지만 길 선생에게 결정적인 도움을 받았지. 어제 저녁에 도저히 해답이 나오지 않아 길 선생을 찾아갔어. 내가 문제를 풀 수 없다면서 고민할 때 그런 얘기를 들려주더군. 청중에게 가장 이익이 되는 점이 무엇인지 제시하여 설득하라고 말이야. 청중이 프레젠테이션을 통해 발표자에게 기대하는 것은 어떤 답이 청중에게 이익이 되는가를 결정할 수 있게 해주는 것이라고 하더군. 그래서 특정한 청중이 아니라 전체 청중, 나아가 우리 회사에 가장 이익이 되는 방법이 무엇일까 고민하다가 아까 만든 그림이 떠오른 거야."

"길 선생님도 내가 소개시켜 주었으니 이거 정말 그냥 넘어가면 안 되겠네. 오늘 저녁 크게 사라, 선배!"

"아, 미안하다! 오늘은 말이야, 내가 갈 데가 있어서 안 되겠고 다음주에 날을 잡아보자."

"강 상무님!"

"제이슨, 오늘은 그만 가보라는 데도 왜 내 방까지 따라오는 겁니까?"

"이대로 끝내실 생각입니까?"

"끝내다니요? 사장님이 각 사업부에 맞게 최적화된 안을 내오라고 지시하지 않았습니까?"

"최 대리는 허 상무 사람입니다. 그런데 최 대리의 교묘한 논리에 속아 넘어가 우리가 추진하려던 혁신이 무릎을 꿇었는데 이대로 넘어가시겠다는 건가요?"

"이것 봐요! 제이슨. 그럼 임원이 모두 최 대리의 속임수에 넘어갔다는 말입니까? 사장님까지도요?"

"그런 뜻이 아니라 전…"

"그만 나가 봐요!"

강 상무는 제이슨이 나간 후, 그동안 있었던 일을 조용히 떠올려 보았다. 처음 사이버넥스의 스카우트 제의를 받아 부임하던 날부터 혁신을 추진해온 일 그리고 오늘 최 대리의 프레젠테이션까지.

최 대리의 프레젠테이션은 발표 기술면에서는 미숙했지만, 가장 중요한 논리와 사례가 살아 숨쉬는 것이었다. 물론 최 대리가 제시한 결론이 강 상무가 100퍼센트 원하는 답은 아니었다. 하지만 사장을 비롯한 임원 대다수를 만족시키는 대답을 내놓은 것은 분명한 사실이었다. 그리고 인정하고 싶지 않지만 최 대리의 답은 자신이 미처 생각지 못한 부분까지 짚어주었다. 어쨌든 그동안 자신만만하게 추진하던 혁신이 이번 최 대리의 프레젠테이션으로 잠시 숨고르기에 들어갈 것으로 보였다.

'허 상무의 비밀 병기에 멋지게 한 방 먹은 꼴이 되었어.'

강 상무는 씁쓸한 웃음을 지었다.

명석은 퇴근 시간이 되자마자 컴퓨터를 끄고 지하철을 탔다.

어제 길 선생과 저녁을 먹고 나서 명석은 한 가지 결심한 것이 있었다.

"내일 몇 시라고 했지? 발표가?"

"잘할 수 있을까요? 길 선생님."

"사람이 할 일을 다했으면 결과는 하늘에 맡기면 되는 거야. 지나치게 결과에 연연하면 될 일도 안 되는 법일세."

"선생님의 마지막 비법까지 전수받았고, 자료 준비도 제가 할 수 있는 데까지 최선을 다한 것 같아요. 이제 마지막 마무리가 조금 남았는데, 오늘 밤 안으로 끝내는 데는 문제없을 것 같고요."

"그나저나 이번 일 끝나면 결혼하겠다고 큰소리쳤는데, 사귀는 사람이라도 있는 건가?"

"하하, 선생님도… 농담이었어요, 농담! 뭐 마음에 두고 있는 사람이 없는 건 아닌데… 그게 프레젠테이션 잘하는 것보다 훨씬 힘드네요."

"남녀가 좋아서 서로 사랑하는 거야 물이 아래로 흘러가는 것처럼 자연스러운 것인데 뭐가 어렵다는 건가?"

"프레젠테이션은 이런저런 기술이 있어서 배워가며 할 수 있었는데 누굴 좋아하는 일은 도무지 모르겠어요. 사랑의 기술이라도 따로 배워야 하는 건지…."

"기술은 무슨… 최 대리! 사랑이란 건 말이야, 비법이라는 게 따로 없는 걸세. 확실하고 진실한 마음을 보여주는 것, 그게 바로 최고의 비법인 게야."

"그게 문제라니까요, 선생님! 제 마음을 어떻게 보여주어야 할지 모르겠어요. 전 그녀 앞에만 가면 말도 더듬고 얼굴이 화끈거려서 제대로 서 있기도 힘들단 말입니다."

"하하하, 우리 최 대리가 그 처자를 많이 좋아하긴 좋아하는구면. 근데 이 사람아! 여자는 말이야, 말 잘하는 수다쟁이를 원하는 게 아니더라고. 자꾸 꾸미려고 하니까 그게 더 어려운 게야. 어수룩하면 어수룩한 대로 있는 모습을 보여줘. 진실은 결국 통하는 법이니까. 정말로 중요한 건 그렇게 진실한 모습으로 항상 옆에 있어 주는 걸세. 비가 오나 눈이 오나 말이지."

강남역에 도착해 5번 출구를 따라 나왔다. 편의점 유리벽 너머로 정아가 일하는 모습이 보였다. 프레젠테이션에서는 청중이 질문할 것을 예상해서 답변을 준비했지만 지금 명석은 아무것도 준비하지 않은 상태였다. 무슨 말을 할지도 생각하지 않았다. 명석은 완벽한 논리 대신, 진실한 자신의 마음 하나만을 믿으며 편의점 문을 열었다.

에 필로그

Presentation master

프레젠테이션은 전략적인 설득 마인드가 있어야 한다. 결국 상대의 마음을
움직이는 힘은 프레젠테이션의 기술을 넘어서는 것이다.

또 다른 시작

두 달 후, 7월 7일

"일들 하지 않고 여기서 뭣들 하는 거야?"

김 부장이 휴게실에 모여 있는 여사원들에게 핀잔을 주며 지나갔다.

"저 씰룩이 아저씨는 좌천되고 나서도 기세가 여전하네."

"전략팀 부장에서 청소자재 관리부장으로 보냈으면, 회사 나가라는 소리 아냐?"

"사필귀정이지 뭐야, 세상일은 다 올바르게 돌아가는 법이라고."

"그나저나 제이슨 그 바람둥이는 S사 과장으로 스카우트되어 갔다지? 내 그 녀석은 그렇게 얄팍한 수작을 부릴 줄 알았어!"

조용히 듣고 있던 진영이 한마디 거들고 나섰다.

"그나저나 쟁쟁한 전략팀에서 이번에 승진한 그 사람 정말 대단하지 않아? 그것도 영업팀 출신이 말이야"

"누구? 최명석 대리?"

"어서 오게 최 대리, 아니 이제 최 과장이지!"

허 상무는 두 팔을 활짝 벌리며 명석을 맞아 주었다.

"감사합니다, 상무님. 모두가 상무님께서 제게 새로운 도전의 기회를 주신 덕분입니다."

명석은 아직 과장이라는 호칭이 어색해서 어정쩡한 웃음을 지으며 대답했다.

"이 사람! 지금 나를 원망하는 말투구먼? 하하하. 내 자네에게 상의도 없이 어려운 일을 떠맡겨 나도 마음이 편치는 않았었네. 하지만 역시나 자네는 내 기대를 저버리지 않았어. 거기다 이번에 최 과장이 성공리에 프레젠테이션 하는 것을 보고 나도 재차 확신이 들더군. 프레젠테이션도 전략적인 설득 마인드가 있어야 한다는 것 말일세. 결국 상대의 마음을 움직이는 힘은 프레젠테이션의 기술을 넘어서는 것이지."

"어려웠던 것만큼이나 배운 것도 많았습니다. 그런데 상무님께서도 이번에 중국 총괄 본부장으로 가시게 되었다고 들었습니다. 축하드립니다."

"나야 뭐 진급도 아니고 그저 하는 일이 조금 바뀌었을 뿐인데 축하랄 게 뭐 있겠나! 헌데 자네 내 제안은 좀 생각해 봤나?"

허 상무는 다음 달 중국으로 가기 전 몇몇 측근에게 합류를 권했다. 명석도 며칠 전, 허 상무의 제안을 받고 고민을 해오던 터였다. 허 상무는 별 것 아니라고 했지만 사실 중국 총괄은 의미 있는 자리였다. 회사에서 제2의 본사를 중국에 두려 하기 때문에 앞으로 비중 있게 키울 조직이었던 것이다. 사내에서는 허 상무의 발령을 두고, 전략팀 강 상무와 더불어 신임 사장의 쌍두마차 체제가 구성되었다고 수군거릴 정도였다.

"많이 고민했습니다만, 죄송합니다. 상무님, 저는 전략팀에서 일하기에도 아직 부족한 면이 많습니다."

"자네에게 좋은 기회가 될 텐데."

"상무님께서 제 능력을 과대평가해 주시니 감사할 뿐입니다. 이번 기회는 좀 아쉽지만 이미 시작한 일이 있으니 잘 마무리해야겠다는 생각입니다."

"그래, 강 상무가 구성한 수요 예측 TF에서 일하게 되었다는 얘기는 들었네. 그런데…"

허 상무는 잠시 무슨 말을 하려다 멈칫했다.

"다음에도 기회가 된다면 꼭 상무님과 다시 일하고 싶습니다."

허 상무가 무엇을 걱정하는지 짐작한 명석은 일부러 씩씩한 목소리로 말했다.

"그래! 자네라면 앞으로 누구와 무슨 일을 하든지 잘 해내리라 믿네."

지하 주차장으로 들어서자 벌써 퇴근을 서두르는 차들로 계산대 앞줄이 길게 늘어서 있었다. 차에 올라 탄 명석은 서둘러 차 시동을 켰다. "부르릉" 6년 된 중고차지만 성능은 훌륭했다. 퇴근 시간이어서인지 시내는 무척 붐볐다. 초보자인지라 명석은 땀을 뻘뻘 흘려가며 골목길 입구 작은 건물 앞에 주차를 했다. 보석 디자인 학원. 가장 먼저 기쁨을 함께 나누고 싶은 사람이 그 안에서 명석을 기다리고 있었다.

정아는 대기업 경력도 팽개치고 새로운 길을 선택했다. 어렸을 적 키웠던 디자이너의 꿈을 보석 분야에서 이루고 싶다는 게 이유였다.

"최명석 과장님! 진급을 축하드려요."

명석의 전화를 받고 나오면서 정아는 이 세상에서 가장 예쁜 목소리로 명석을 반겨주었다.

명석과 정아는 이제 사귄 지 한 달이 되어간다. 명석은 프레젠테이션이 끝난 그날, 편의점 문을 열고 들어갔던 자신의 용기가 한없이 자랑스러웠다.

프레젠테이션 강의 슬라이드

프레젠테이션 완성, 2가지 기술 & 10단계

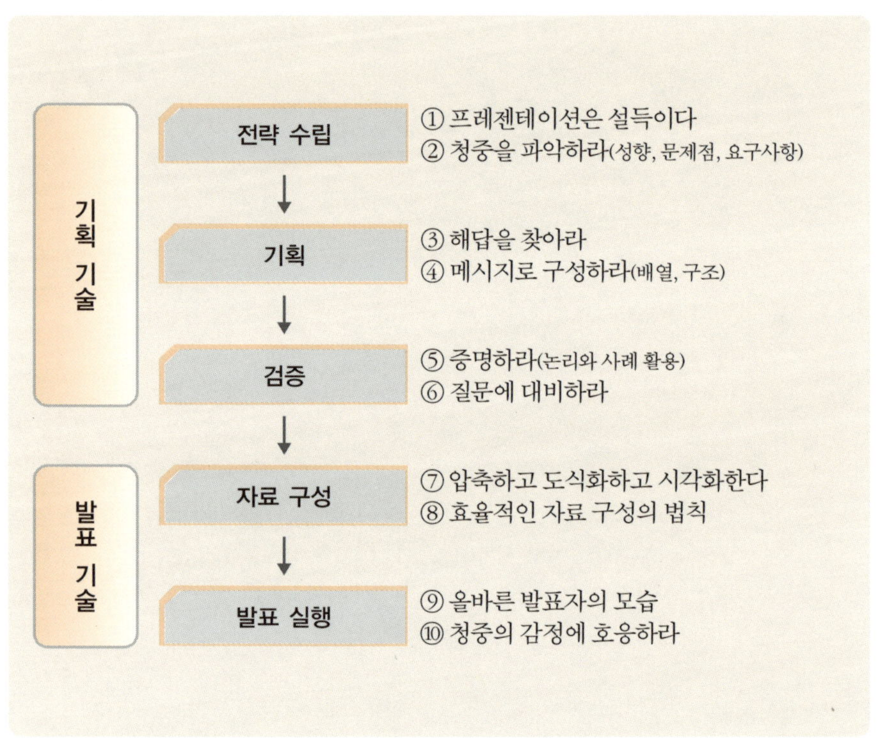

 # 프레젠테이션은 설득이다

— 예수의 프레젠테이션, 성공과 실패 그리고 설득형 프레젠테이션

인류 역사에서 가장 성공적인 프레젠테이션의 달인을 꼽으라고 한다면 단연 예수 그리스도를 지목하고 싶다. 2000년이 지난 지금도 수많은 사람이 그가 남긴 말씀을 따르고 있기 때문이다.

하지만 그렇게 성공적인 프레젠터 예수 그리스도도 생전에는 유대인들에게 실패한 프레젠터였다. 당시 주변의 강대국들에게 시달림을 받던 이스라엘 백성은 늘 자신들을 구원해줄 메시아가 나타날 것이라고 굳게 믿었다. 그런 유대인에게 신의 아들을 자처하는 메시아가 나타났다는 소문이 퍼졌다.

"드디어 다윗 왕처럼 강력한 지도자가 나타났구나."

"모세가 우리를 이집트에서 탈출시켰던 것처럼 그 분도 우리를 로마에서 독립시켜 줄 거야."

유대인은 잔뜩 기대를 품고 프레젠테이션 장소로 모여 들었다. 이윽고 발표자 예수 그리스도가 등장했다. 유대인은 숨을 죽여 가며 발표를 들었다.

"마음이 가난한 자는 천국이 그들의 것이다."

"너희는 세상의 빛과 소금이다."

"살인하지 말라."

"간음하지 말라."

예수의 프레젠테이션은 청중의 기대에 한참 벗어나는 내용이었다. 그래도 끝까지 참을성 있게 듣고 있던 한 유대인이 물었다.

"로마가 우리의 수도 예루살렘을 짓밟았습니다. 우리는 어떻게 대항해야 합니까?"

"원수를 사랑하라."

"왼쪽 뺨을 때리거든 오른쪽 뺨을 내밀어라."

듣고 있던 청중은 수군거리기 시작했다. 자신들의 문제를 풀어줄 수 있는 답이 아니었기 때문이다. 그들은 예수의 프레젠테이션에 대해 다음과 같이 결론지었다.

"예수의 말이 옳을지도 모른다. 하지만 우리의 문제를 해결해주는 답은 아니다."

예수는 유대인이라는 구체적인 청중이 아니라 인류 전체라는 보편적인 청중을 향해 구원의 메시지를 던졌다. 그런 이유로 지금까지 그 메시지는 살아 있다. 그러나 그런 이유 때문에 당시의 유대인에게는 인정할 수 없는 메시아이기도 했다. 유대인에게 필요했던 것은 자신들의 문제를 풀어줄 구체적인 설득형 프레젠테이션이었던 것이다.

 # 청중을 파악하라

— 청중을 파악하기 위한 3단계 기술

독심술로 청중의 마음을 미리 읽을 수 있다면, 프레젠테이션을 잘할 수 있을까? 대답은 '아니오' 이다. 왜냐하면 청중은 스스로 자신의 문제를 잘 모를 경우에도 프레젠테이션을 요청하기 때문이다.

청중을 파악한다는 것은 청중의 문제를 아는 것이다. 문제란 청중이 생각하는 기준보다 불만족스러운 결과가 지속적으로 발생하는 것을 말한다. 청중의 문제는 3가지 관점에서 접근할 수 있다.

1) 문제의 원인과 해결책을 모르는 경우 → 원인과 해결책을 찾는다.

2) 문제의 원인은 알지만 해결책을 모르는 경우 → 해결책을 찾는다.

3) 문제의 원인과 해결책이 여러 가지 의견으로 나뉘어 있는 경우 → 각 의견의 타당성을 검토한 후 원인과 해결책을 찾는다.

그렇다면 청중 자신도 모르는 청중의 문제를 어떻게 알아낼 수 있을까? 경험이 많은 상담사는 비슷한 문제를 듣기만 해도 해결방법을 떠올린다. 하지만 비즈니스 세계에서는 비슷한 사례에 대한 경험만으로 모든 문제를 파악하고 해결해 나갈 수가 없다. 문제 자체가 매우 다양하고 구체적인 경우가 많아 문제와 해결책이 제각각 다르기 때문이다. 그러므로 청중을 파악할 때는 일반적인 기술을 이용하는 것이 가장 효율적이다. 청중은 다음의 3단계로 파악한다.

청중을 파악하기 위한 3단계 기술

| 1단계 자료 조사 | 2단계 현장 파악 | 3단계 검증 |

1. 자료 조사

청중이 속한 회사의 정보, 유사 회사 정보, 회사 내부 자료, 비슷한 사례 등 객관 적 자료를 조사한다.

2. 현장 파악

인터뷰나 질문서를 통해 현장 정보를 수집한다. 경영자와 실무자 등 청중이나 청 중과 관련된 사람들의 주관적 의견을 직접 듣는다.

3. 검증

청중의 편견, 일반적인 정보의 오류를 찾아낸다(자료 및 현장 정보 수집 → 분석 → 검 증 → 판단)

— 해결책을 찾는 3가지 기술

청중에 대한 파악이 끝났다면 이제 해결책을 찾아야 한다. 어찌 보면 청중은 프레젠터의 해결책을 듣기 위해 그 장소에 모여 있는 것인지도 모른다. 해결책을 찾는 데는 3가지 기술이 있다.

1. 분석적 방법

삼성그룹을 국내 1위 기업에서 세계적인 기업으로 올려 놓은 이건희 회장은 아랫사람의 설명을 들은 뒤에 반복해서 '왜?'라는 질문을 한다. 이때, "그래서? 그래서? 왜? 왜? 왜?"라는 질문을 다섯 번 정도 이어가다 보면 대부분의 사람은 말문이 막혀버린다고 한다. 이는 곧 주어진 문제를 완벽하게 이해하지 못하고 있음을 드러내는 셈이다.

문제에 대해 완벽하게 이해하지 못하면 적절한 해결책을 찾기는 어려운 일이다. 이렇게 볼 때, 이 회장의 질문법은 문제를 해결할 수 있는 사람이 누구인가를 검증하는 효과적인 방법이라고 할 수 있다.

사람의 생각은 긴 사슬처럼 하나의 고리가 다른 고리로 연결되어 있다. 그리고 그러한 사슬이 엮여 복잡한 사슬로 구성되어 있는 것이 생각이다.

우리가 문제를 발견했을 때, 그 사실을 따라가다 보면 어느 곳에선가 고리가 잘못되어 있는 경우가 많다. 분석적인 방법은 그 고리를 찾아내는 것이라고 할 수 있다.

분석적인 방법은 주어진 문제에 대한 원인의 끝을 찾아보는 것이다. 그렇게 하려면 이 회장이 사용했던 방법이 필요하다. 또한 누구나 당연하다고 생각하는 것에 대해 그것이 과연 올바른 것인지 다시 생각해 보는, 즉 의문을 품는 태도가 중요하다.

하나의 생각을 따라 '왜?'라는 질문을 스스로 던져보라. 10번이든 20번이든 확실한 사실에 도달할 때까지 그 질문을 이어간다. 그러면 생각의 사슬이 이어져 마치 나무의 가지처럼 무성하게 연결된 모습을 확인할 수 있을 것이다. 만약 가지의 맨 끝에서 '왜?'라는 질문에 답할 수 있다면, 문제에 대한 해결책도 완성된다. 생각의 사슬이 완벽하게 엮이는 것이다.

▶ 비슷한 방법

이슈 트리(문제를 나뭇가지 형태로 정리하여 해답을 찾는 방법), 피시 본(문제를 물고기의 뼈 형태로 정리하여 해답을 찾는 방법)

▶ 적용 기업 사례

도요타 자동차의 '5WHY'는 5번 '왜?'를 생각하고 해답을 찾는 방법이다. 도요타는 '생각법'이라 불리는 이 방법을 신입사원 시절부터 가르친다고 한다. 도요타 자동차 공장에서는 문제가 발생하면 누구라도 끈을 당겨 라인을 멈추게 할 수 있다. 그리고 문제의 원인을 밝혀내지 못하면 다음 단계로 넘어갈 수 없다. 일단 라인이 멈추면 직원들이 모이고 문제에 대해 저마다 5번 '왜?'라고 물으며 해결책을 찾는다. '5WHY'는 도요타 개선(Kaizen)의 밑거름인 셈이다.

'신부와 수녀의 키스', '피에 물든 군복', '흑인과 백인의 조화'.

여기에는 한 가지 공통점이 있다. 그것은 파격으로 유명한 베네통의 광고 장면이라는 점이다. 베네통 하면 으레 논란거리를 만들어내는 광고를 떠올리지만, 베네통이 오늘날의 베네통으로 성장한 진짜 이유는 광고 때문이 아니다. 이탈리아의 작은 의류업체에 불과했던 베네통이 50년 만에 세계적인 기업으로 성장할 수 있었던 배경에는 그들만의 문제 해결법이 있었다.

베네통의 가장 큰 고민은 시장의 빠른 변화였다. 고객의 요구는 빠른 속도로 변하는 데 비해 회사의 대응 체계는 매우 느렸던 것이다. 그렇다면 베네통은 이 문제를 어떻게 해결했을까?

우선, 고객의 빠른 요구를 어떻게 따라잡을 것인가를 연구했다. 다양한 분석을 통해 고객의 요구를 따라잡는 여러 가지 방법이 고안되었고, 요즘 유행하는 CRM(고객 관계 경영) 기법을 도입했다. 그러나 기대와 달리 비용만 많이 들 뿐, 그 효과는 미미했다.

이번에는 내부에서 그 원인을 찾아보았다. 이를 통해 구매-생산-유통 체계를 단축하려는 의도에서 외부의 자문을 받아 SCM(공급 체인 경영) 기법을 도입했지만, 결과는 마찬가지였다.

아무리 변화를 이끌 실마리를 찾아보아도 유행을 따라갈 수는 없었다. 염색-재단-봉제라는 생산 공정 아래서는 뾰족한 수가 없었던 것이다. 기껏 유행에 맞춰 빨간색을 염색해 놓으면, 봉제 단계에서 파란색이 유행했다.

이때, 베네통은 누구도 생각해내지 못했던 방법을 시도했다. 생산 공정을 재단－봉제－염색으로 바꾸었던 것이다. 염색을 마지막 단계에 놓자 물건이 나올 때쯤 유행에 맞춰 색상을 정할 수 있게 되었다.

기존의 틀에서 무언가 잘못된 점을 찾을 수 없을 때 틀 자체를 흔들어보는 것, 이것이 바로 문제 해결의 두 번째 방법인 창의적인 발상 전환법이다.

"지구가 태양을 돈다"는 발상은 "태양이 지구를 돈다"고 생각했던 사람들에게는 파격이었다. 하지만 이 파격을 통해 비로소 천체의 변화라는 설명할 수 없던 문제가 풀리게 되었다.

때로는 엉뚱하고 발랄하며 어린아이 같은 생각을 해보라. 어려운 논리로 풀 수 없었던 문제가 해결되는 것을 볼 수 있을 것이다.

▪️ 비슷한 방법

브레인스토밍, 전략적 접근 방법, 아이디어 발상법 등

▪️ 적용 기업 사례

과거의 고정관념은 '커피는 음료이다. 따라서 커피 전문점은 커피를 마시는 곳이다'라는 것이었다. 하지만 스타벅스는 이러한 고정관념을 버리고 '커피 맛보다 스타벅스 스타일로 커피를 즐길 수 있는 문화'를 제공하기로 했다. 이제 스타벅스에 들어서면 고객은 특유의 향과 분위기를 느낀다. 작은 소매점이던 스타벅스를 오늘날의 기업으로 발전시킨 비결은 바로 이 분위기에 있다.

3. 데이터베이스 활용법

신입사원 시절에는 별다른 차이가 없던 A와 B가 있었다. 그런데 입사 3년차가 되자 이들에게는 서서히 차이가 발생하기 시작했다. 똑같은 문제 상황에서 A는 그것을 해결하는 데 며칠이 걸리는 반면, B는 반나절도 되지 않아 일을 끝냈던 것이다. 무엇이 이 두 사람의 차이를 만들어낸 것일까?

해답은 B의 개인 데이터베이스에 있다.

B는 신입사원 시절부터 자신의 경험은 물론 주변 사람들의 경험을 분류하고 정리했다. 이는 같은 일을 처음부터 반복하지 않기 위해서였다. 그 하루하루는 작아 보였지만, 3년의 세월이 흐르자 커다란 차이로 나타났다. B는 이제 어떤 일이 닥칠지라도 자신의 데이터베이스를 이용해 약간의 수정만으로 일을 끝낼 수 있게 되었다.

산업화 이후 세계는 새로운 것들로 가득찼지만, 인간이 겪고 있는 문제는 과거나 지금이나 비슷한 것이 매우 많다. 즉, 우리가 겪는 문제는 이미 누군가가 비슷한 문제를 겪었고 그에 따른 답도 존재하는 것이다. 더욱이 우리는 컴퓨터를 활용해 가장 훌륭한 해답에 접근할 수 있는 가능성을 크게 높일 수 있다.

물론 문제에 대해 똑같은 답은 없지만, 비슷한 답은 지름길을 제공한다. 비슷한 유형의 문제와 답을 수백, 수천 개 갖고 있는 사람은 그만큼 문제를 풀어낼 가능성이 커진다. 특히 새로운 일을 할 경우와 경험의 폭이 좁은 경우 이 방법은 매우 바람직하다.

지식 경영, 벤치마킹, 전문 이론, 전문가의 자문.

맥킨지를 비롯한 대부분의 컨설팅 회사에는 문제 해결 경험을 축적한 지식 데이터베이스가 있다. 예를 들어 미국 전자회사에서 A라는 문제를 컨설팅 회사가 해결했다고 하자. 1년 후, 만약 한국 전자회사에서 A와 비슷한 A-1이라는 문제가 발생한다면, 한국의 컨설팅 회사 직원은 문제 해결을 위해 데이터베이스를 조회한다. 그러면 미국의 누가 이 문제를 담당했는지, 문제 해결을 위한 과정에서 어려움은 무엇이었는지, 최종 결과는 어땠는지 등 자세한 내용을 찾을 수 있다. 그러면 결국 한국 회사의 문제를 해결하는 방법을 찾아낼 수 있다. 컨설팅 회사에서는 이처럼 해답에 도움이 되는 자료를 선진 사례(Best Practice)라고 부른다.

 # 메시지로 구성하라

— 메시지의 구성 방법과 사례

그리스의 철학자 아리스토텔레스는 이렇게 말했다. "아름다움은 크기와 질서가 결정한다. 아름다운 것은 여러 부분의 배열에서 어떤 질서를 필요로 할 뿐 아니라, 일정한 크기를 유지해야 한다."

1. 메시지 구성 개요

1) 청중의 문제에 대한 해결책을 찾았다면 이를 다시 메시지로 만들어야 한다
(해답 → 메시지).

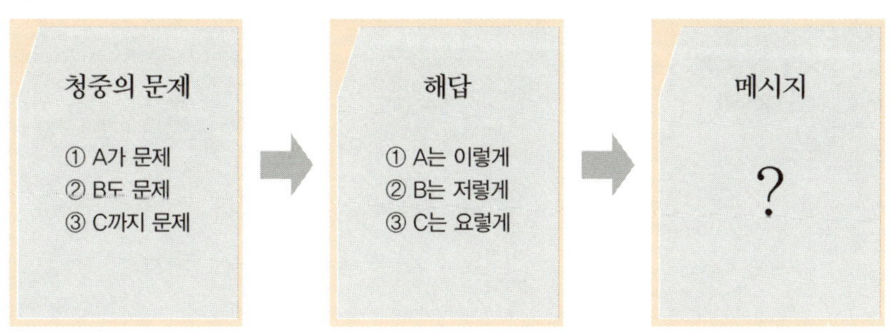

2) 메시지 구성 방법

① 스토리 라인 구성: 전체 메시지를 여러 개의 작은 핵심 메시지로 구성된 스토리로 만든다.

② 메시지의 기본 단위: 한 개의 핵심 메시지를 하나의 슬라이드에 담는다.

③ 배열의 미학: 작은 핵심 메시지를 서론-본론-결론 3개 그룹으로 분류한다. 스토리를 적절히 배열하기 위해서는 '강조와 흐름'을 살려야 한다.

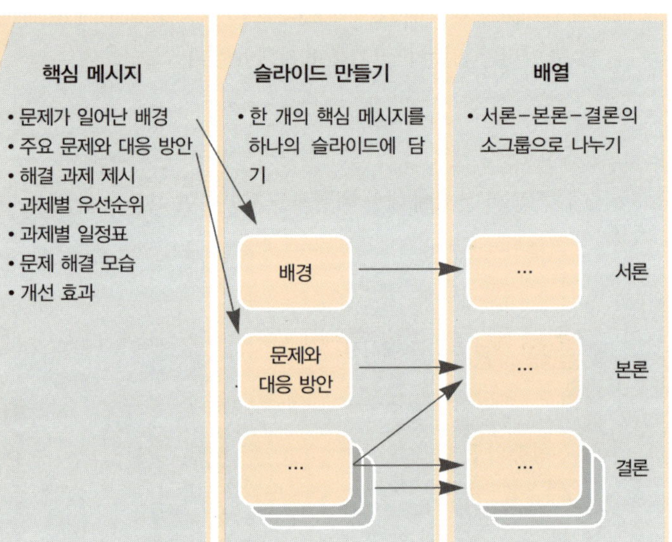
전체 메시지
문제가 일어난 배경은 이렇습니다. 주요 문제와 대응 방안은 이렇습니다. 그래서 우리는 몇 가지 해결 과제를 제시하고자 합니다. 이 과제들의 우선순위는 이렇습니다. 순위에 맞춰 과제별 일정표를 만들었습니다. 우리의 제안을 성공적으로 끝내면 문제가 이렇게 해결될 것입니다. 문제가 해결되면 이러한 개선 효과가 나타날 것입니다.

핵심 메시지
• 문제가 일어난 배경
• 주요 문제와 대응 방안
• 해결 과제 제시
• 과제별 우선순위
• 과제별 일정표
• 문제 해결 모습
• 개선 효과

슬라이드 만들기
• 한 개의 핵심 메시지를 하나의 슬라이드에 담기
배경
문제와 대응 방안
…

배열
• 서론–본론–결론의 소그룹으로 나누기
…
서론
…
본론
…
결론

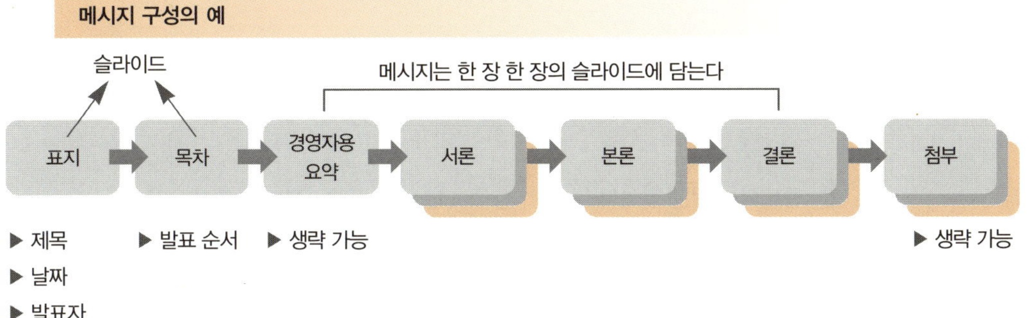

2. 메시지를 구성하는 상세한 방법

일반적으로 서론–본론–결론으로 구성하는 것이 청중이나 발표자 모두에게 가장 자연스럽기 때문에 효과적이다. 다만, 필요에 따라 경영자용 요약본이나 첨부를 추가한다.

1) 경영자용 요약본: CEO처럼 시간이 없는 청중일 경우, 1분 내 혹은 5분이나 10분 이내에 요약해서 발표할 수 있도록 해야 한다. 이때 필요한 것이 경영자용 요약본이다. 가장 핵심적인 결론을 요약된 형태로 제시하는 것이 효과적이다. 전체 요약은 청중이 원하지 않거나 불필요한 경우 생략할 수도 있다.

2) 서론으로 준비하라
- 서론은 청중의 관심을 끌고 청중이 프레젠테이션 전체에 대해 이해할 수 있도록 해야 한다.

- 서론 구성의 원칙

  ① 발표 전체를 개괄한다. 간결하고 요약된 형태로 전체를 제시한다.

  ② 해답을 제시해 궁금증을 유발한다. 답 제시 → 왜? 어떻게 해결해야 하는 가? 등.

  ③ 발표의 목적을 담는다. 발표가 청중에게 얼마나 중요한가를 일깨운다.

3) 본론으로 전개하라

- 본론 구성의 원칙

  ① 청중의 문제를 담는다.

  ② 발표자의 해답을 제시한다.

  ③ 제시한 답을 증명한다.

  ④ 발표 내용이 청중의 이익을 보여준다.

  ⑤ 의사 결정을 통해 실행할 수 있게 한다.

4) 결론으로 마무리하라

- 결론에서는 전체 프레젠테이션 내용을 요약 및 강조한다.

- 결론 구성의 원칙

  ① 전체를 다시 요약한다.

  ② 중요 사항을 강조한다.

5) 첨부를 활용한다

첨부에는 본론에 넣기엔 지나치게 자세한 데이터나 설문조사 내용 등을 담는다. 이는 청중이 본문 내용을 좀더 확인하고 싶어 할 때 보여준다. 첨부도 불필요한 경우, 생략할 수 있다.

3. 메시지 구성의 마무리-표현의 미학을 살려라

1) 프레젠테이션 메시지를 만들 때는 일반 문장과 달리 표현의 미학이 필요하다. 프레젠테이션 메시지의 표현은 청중이 이해하기 쉽고 또한 깊은 인상을 줄 수 있어야 한다.

2) 이해하기 쉽고 인상 깊은 표현의 3가지 포인트

① 명확해야 한다.

분명하지 않고 모호한 표현은 최대한 삼간다. "~인 것 같습니다, ~인 것 같기도 하고 아닌 것 같기도 하고, ~일 듯합니다" 등이 그 예다. 특히 이미 말한 내용을 되풀이하지 않고 '이것이다, 저것이다' 라고 분명히 밝힌다. 이때, 용어는 명확해야 하며 동시에 청중에게 익숙한 것이라야 한다. 익숙한 용어일지라도 다른 뜻으로 사용된 용어는 분명하게 설명해 준다.

② 간결해야 한다.

일단 문장이 간결해야 한다. 그렇지 않으면 청중은 복잡함을 느끼고, 복잡하다는 것은 발표자의 메시지를 청중이 따라가지 못한다는 것을 의미한다. 또한 문장의 중복을 피해야 한다. 중복은 청중으로 하여금 지루함을 느끼게 한다.

③ 구체적이어야 한다.

마치 눈앞에 그림이 펼쳐진 것처럼 생생하게 의미를 표현하면 청중은 구체적으로 느끼게 된다. 이를 위해서는 내용 전체를 잘 표현하면서도 시각적인 이미지로 구체화할 수 있는 단어와 문장을 사용하는 것이 좋다.

 증명하라

— 프레젠테이션 내용 증명하기

발표자가 준비한 해답은 청중에게 메시지로 전달된다. 이 메시지로 청중을 설득하려면 먼저 청중의 신뢰를 얻어야 하며, 그것은 내용에 대한 믿음이 있어야 가능하다. 프레젠테이션에서 청중에게 믿음을 줄 수 있는 가장 효과적인 방법은 증명하는 것이다(프레젠테이션 설득의 과정: 메시지 → 증명 → 설득).
증명에는 2가지 방법이 있다.

1. 논리적으로 증명하는 방법

1) 진리를 목표로 하지 마라. "지구는 태양의 주위를 돈다"라는 진리는 청중의 동의를 반드시 필요로 하지 않는다. 하지만 프레젠테이션에서는 아무리 내가 옳은 것이라 주장하고 증명해도 청중이 받아들이지 않으면 그것으로 그만이다.

2) 대화하듯 논리를 전개하라. 청중을 설득하는 것은 청중과의 관계에서 이루어지는 것이다. 따라서 논리를 전개할 때도 청중의 반응을 검토하여 전개해야 한다.

3) 청중의 통념에서 출발하라. 통념이란 청중이 그러하다고 받아들이고 생각하는 것을 말한다. 청중의 생각과 언어를 사용하라. 논리의 출발을 청중의 통념으로 삼아야 한다.

4) 논리를 지나치게 길게 혹은 광범위하게 펼치지 않는다. 청중의 이해력을 넘어서면 안 된다. 청중이 따라올 수 있는 범위의 내용과 길이로 한정하라. 청중의 집중력과 인내심에는 한계가 있다는 것을 알아야 한다.

5) 논리의 전개는 과거에서 미래로 한다. 과거에 대해 옳고 그름을 결정하고 미래의 할 일을 제시한다. 프레젠테이션에서 청중은 마치 재판관처럼 어떤 것이 옳았고 무엇이 잘못된 것이었는지를 결정한다. 또한 의사결정권자가 되어 미래에 어떤 일을 할 것인지를 결정한다. 따라서 발표자는 청중의 이러한 역할에 초점을 맞춰야 한다.

6) 청중이 생각하는 가치를 옳고 그름의 판단 기준으로 삼으라. 비즈니스에서의 주요 가치인 경쟁 우위, 비용 절감, 매출 향상, 수익 극대화 등이 그 예이다(매출이 떨어졌다 → 잘못됨).

7) 논리의 기본에 충실하라. 삼단논법 같은 논리학을 익혀둘수록 정교하고 설득력 있는 논리 전개에 도움이 된다.

2. 사례를 통해 증명하는 방법

1) 현대 사회는 커뮤니케이션의 홍수를 이루고 있다. 거리와 장소에 상관없이 마음만 먹으면 얼마든지 의사소통이 가능할 정도다. 하지만 정작 의사소통이 필요한 사람끼리는 대화가 잘 되지 않는 경우가 있다. 이때, 둘 사이의 장벽을 쉽게 허무는 방법이 사례를 통한 설득이다.

2) 사례를 통한 증명은 논리처럼 긴 생각의 사슬을 필요로 하지 않는다. 하나의 적절한 예로 전체 메시지를 증명하고 청중을 설득할 수도 있다.

3) 적절한 사례란 청중의 문제와 가장 비슷한 것을 말한다. 특히 명쾌한 해답을 통해 문제를 해결한다면 더욱 효과적이다. 문제는 이런 사례를 쉽게 찾을 수

없다는 것이다.

4) 사례를 찾을 수 없다면 만들어야 한다. 다음은 효과적인 사례를 만드는 3가지 방법이다.

① 권위를 이용하라. 청중이 이름만으로도 권위를 인정한다면, 그 이름을 사용하라. 기업의 선진 사례라고 하는 GE, 도요타 등이 그런 예이다. 물론 해당 사례는 청중의 문제에 적합한 것이어야 한다.

② 사실(Fact)을 사용하고 데이터(Data)를 가공하라. 분명한 사실을 바탕으로 사례를 구성해야 신뢰를 줄 수 있다. 데이터도 청중이 이미 알고 있는 데이터를 근거로 증명하는 것이 효과적이다. 나아가 청중이 미처 발견하지 못했던 사실과 데이터, 이를 통해 얻은 새로운 분석 결과를 사용할 경우 더욱 큰 힘을 발휘한다. 적절한 하나의 데이터는 청중의 마음속에 있던 고정관념을 한꺼번에 무너뜨릴 만한 위력이 있다.

③ 사람들의 생생한 목소리를 전달하라. 정보의 벽에 갇히면 정작 필요한 목소리는 듣지 못할 수도 있다. 회사 경영진은 직원들의 목소리를 모르고, 직원들은 고객들의 목소리를 모를 수 있다. 이때, 현장의 목소리 한마디 한마디를 모은 것이 적절한 사례가 되어 청중을 설득할 수 있다.

 # 질문을 준비하라

— 질문에 적절히 대응하는 법

메시지 구성을 마치고 난 다음에는 메시지를 증명한다. 그리고 증명에 대한 준비가 끝난 다음에는 다시 청중의 입장이 되어 본다. 청중의 입장에서 그들이 어떻게 생각할까를 연구하는 것이 질문에 대한 준비다.

질문에 대한 준비는 두 가지 면에서 매우 유용하다. 첫째, 청중의 입장에서 다시 생각해봄으로써 발표자가 미처 생각지 못했던 아이디어나 새로운 논리를 떠올릴 수 있다. 둘째, 내용을 아는 것과 프레젠테이션에서 그 내용을 설명하는 것은 다른데, 이에 대한 대비를 할 수 있다. 알아도 대답하지 못하는 경우가 많다는 것을 기억해야 한다.

1. 질문에 대응하는 기본 원칙 2가지

1) 질문에 대응하는 포인트는 순발력이다. 순발력은 훈련을 통해 기를 수 있다.

2) 같은 문제일지라도 다양한 관점과 형식으로 재검토한다. 특히 청중의 입장에서 다시 살펴보는 것이 중요하다.

2. 곤란한 질문에 대처하는 방법

1) 발표자가 미리 준비하고 대비해야 하는 경우

- 대응 방법: 예상 질문 목록을 만든다. 관련 전문 지식, 메시지의 논리와 근거, 반대 사례 및 실제 상황 등을 사전에 충분히 파악해 예상 질문을 정리한다.

- 미리 준비해야 하는 곤란한 질문 유형

① 전문가의 권위를 이용해 공격하는 경우(피터 드러커의 말에 따르면, 잭 웰치의

말에 따르면, 마르크스에 따르면).

② 선례를 들어 공격하는 경우(선례는 보편적 견해가 됨. 과거에 우리 회사는, GE가 1980년대 행했던 구조조정은).

③ 반대 사례나 열등한 사례와 연결지어 반박한다(과거에 실패했던 사례와 동일한 것이다, 우리보다 못한 회사의 사례이다 등).

④ 잘못된 근거가 지적되어 확인되었을 때.

⑤ 논리상 문제가 있는 것이 지적되었을 때.

⑥ 이론적으로는 맞지만 실제 상황은 다르다고 얘기하는 경우.

2) 발표자가 적절히 조정해야 하는 경우

- 대응 방법: 발표자는 질문자를 적절히 제어해야 한다(아래 질문 유형 중 ①, ② 번). 때로는 청중의 잘못을 정정한 후 답변해야 한다(③~⑧번). 어떤 경우에는 감징적이고 극단적인 상황을 차분하게 논리적인 결말로 이끄는 지혜도 필요하다. 특히 논리가 잘 통하지 않을 경우, 어떤 것이 청중의 이익에 좋은 것인지 다시 한 번 지적하는 것이 중요하다(⑨~⑫번).
- 적절한 조정이 필요한 곤란한 질문 유형

유형 1 질문자 제어	① 질문의 양이 길고 많은 경우. ② 주제와 상관없는 내용으로 질문하는 경우. 화제를 전환한다.
유형 2 청중의 잘못을 정정한 후 답변	③ 의미를 확대 해석해 질문하는 경우. 의미를 확대하면 오해도 커진다. ④ 특수한 문제를 일반적인 문제로 확대하여 질문하는 경우. ⑤ 일반적으로 혐오하는 이름을 붙여 반박하는 경우(그것은 반혁신주의다, 반개혁적 성향이다, 보수파의 이론이다 등). 반혁신처럼 이미 청중이 잘못된 것이라고 결정한 범주 안에 발표자의 주장을 연결시키는 경우다. ○○주의, ○○파, ○○이론 등이 이런 예다. ⑥ 발표자의 답변이나 발표 내용을 근거로 청중이 제멋대로 원하는 결론을 내리는 경우. ⑦ 근거나 논리가 잘못 지적되었을 경우. ⑧ 논리적인 비약으로 질문하는 경우. 예를 들어 구조조정은 좋은 것, 비용은 나쁜 것으로 결론짓고 논리를 펼 경우.
유형 3 감정을 제어하고 논리적으로 대응	⑨ 무슨 내용인지 이해할 수 없다고 하는 경우. 청중이 권위를 내세우며 이해할 수 없으니 받아들일 수 없다고 주장하는 경우가 많다. ⑩ 극단적인 선택을 강요하는 경우. 예를 들면 사장님의 방침에 따라야 합니까? 따르지 않아야 합니까? 하고 선택을 강요한다. 그리고 발표 내용이 사장의 방침과 다르다고 주장한다. ⑪ '예' 혹은 '아니오'라는 선택을 강요하는 질문. ⑫ 발표자의 감정을 자극하는 질문.

 # 압축하고 도식화하고 시각화하라

— 성공적인 프레젠테이션을 위한 압축, 도식화, 시각화

"이왕이면 다홍치마"라는 말처럼 동일한 메시지라도 압축하고 도식화하고 시각화하면 청중에게 전달하기도 쉬울 뿐 아니라 강한 인상을 남길 수 있다. 다음의 사례를 통해 메시지의 전달 효과를 비교해 보기 바란다.

1. 서술형 메시지(사례 1)

제목

업무 환경의 변화: 팀제가 필요하다.

핵심 메시지

회사 업무 형태의 변화에 따라 수평적 업무와 창의성 발휘에 적합한 팀제가 필요합니다.

일반적 설명

오늘날의 업무 방식은 과거와 많은 차이가 있습니다. 과거에는 업무 구조가 폐쇄적이었고 수직적 업무가 많아 창의성을 발휘할 여지가 많지 않았습니다. 업무 비중을 따져 보면 폐쇄적 업무 50퍼센트, 수직적 업무 25퍼센트, 수평적 업무 15퍼센트, 창의적 업무가 10퍼센트 수준이었습니다. 폐쇄적 업무 구조는 업무의 자율성도 적을 뿐 아니라 효율성도 떨어집니다. 수직적 업무는 업무의 효율성은 높지만 업무의 자율성은 떨어지는 것으로 나타났습니다. 반면, 창

의적 업무는 효율성이 떨어지긴 하지만 자율성이 큰 장점이 있고, 수평적 업무는 자율성과 효율성이 모두 좋은 것으로 나타났습니다.

최근에는 수평적 업무와 창의성을 요구하는 업무 비중이 커지고 있습니다. 이에 따라 기존의 수직적 업무나 폐쇄적 업무 구조는 퇴조한 것으로 나타났습니다. 업무 비중을 보면 폐쇄적 업무가 15퍼센트, 수직적 업무가 10퍼센트, 수평적 업무가 50퍼센트, 창의적 업무가 25퍼센트 수준입니다.

과거의 폐쇄적이고 수직적인 업무 구조에서는 현재의 부서별 조직이 적합하지만, 현재의 업무 환경에서는 창의성과 수평적 업무 효과를 극대화할 수 있는 팀제 조직이 적합하다고 생각합니다.

2. 압축형 메시지(사례 2)

제목 업무 환경의 변화: 팀제가 필요하다.

핵심 메시지 회사 업무 형태의 변화에 따라 수평적 업무와 창의성 발휘에 적합한 팀제가 필요합니다.

1) 회사 업무 방식의 변화

- 현황

  ① 과거에는 폐쇄적이었고 수직적 업무가 많았음.

    - 폐쇄적 업무: 50퍼센트

    - 수직적 업무: 25퍼센트

    - 수평적 업무: 15퍼센트

    - 창의적 업무: 10퍼센트

  ② 최근에는 창의성을 요구하거나 수평적 업무가 많아짐.

    - 폐쇄적 업무: 15퍼센트

    - 수직적 업무: 10퍼센트

    - 수평적 업무: 50퍼센트

    - 창의적 업무: 25퍼센트

- 장단점 비교

  ① 폐쇄적 업무: 자율성도 적고 효율성도 떨어짐.

  ② 수직적 업무: 자율성은 적지만 효율성이 큼.

  ③ 창의적 업무: 자율성이 크지만 효율성이 떨어짐.

  ④ 수평적 업무: 자율성과 효율성이 모두 큼.

2) 제안

- 과거의 업무 구조: 현재의 부서별 조직이 적합
- 현재의 업무 환경: 팀제 조직이 적합함 → 창의적, 수평
  적 업무 효과 극대화 가능

3. 도식화한 메시지(사례 3)

제목	업무 환경의 변화: 팀제가 필요하다.
핵심 메시지	회사 업무 형태의 변화에 따라 수평적 업무와 창의성 발휘에 적합한 팀제가 필요합니다.

업무 방식의 변화

	과거		현재	
	비중	순위	비중	순위
폐쇄적	50%	1	15%	3
수직적	25%	2	10%	4
수평적	15%	3	50%	1
창의적	10%	4	25%	2

업무 방식의 장단점 비교

장단점 / 업무 방식	자율성	효율성	적합한 조직 형태
폐쇄적	X	○	부서별 조직
수직적	X	◎	부서별 조직
수평적	○	◎	팀제 조직
창의적	○	◎	팀제 조직

<table>
<tr><td>제목</td><td>업무 환경의 변화: 팀제가 필요하다.</td></tr>
<tr><td>핵심 메시지</td><td>회사 업무 형태의 변화에 따라 수평적 업무와 창의성 발휘에 적합한 팀제가 필요합니다.</td></tr>
<tr><td>시각화 설명</td><td></td></tr>
</table>

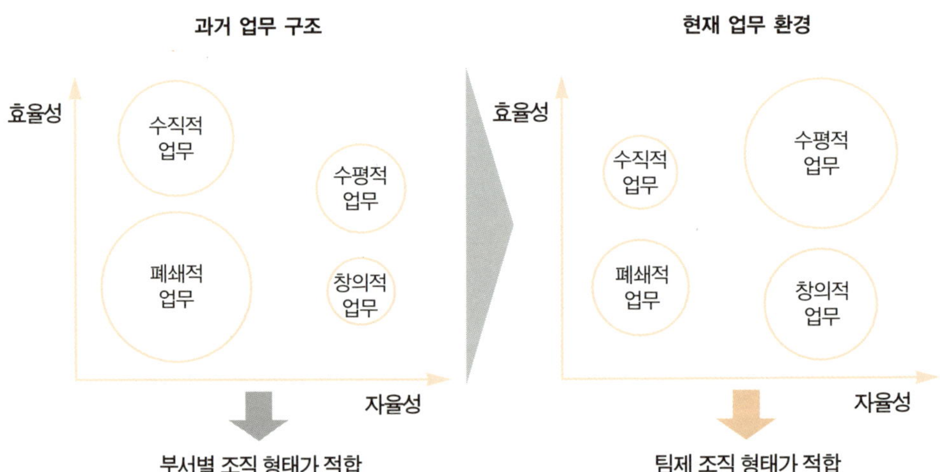

 # 효율적인 자료 구성의 법칙

— 자료 구성과 사례 연구

메시지의 기본 단위는 앞에서 살펴본 것처럼 하나하나의 슬라이드이다. 따라서 어떻게 효율적으로 슬라이드를 구성할 것인가가 전체 자료 구성의 핵심 열쇠가 된다.

1. 슬라이드

1) 구성의 3요소

① 슬라이드 제목

② 하나의 핵심 메시지

③ 메시지를 설명하는 내용: 설명 내용은 글머리, 도식, 시각화 자료, 데이터 요약 등으로 구성한다.

2) 슬라이드를 구성할 때의 주의점

① One 슬라이드 – One 메시지 원칙.

② 한눈에 전체를 파악할 수 있도록 한다.

③ 강조하는 것이 눈에 띈다.

④ 메시지를 설명하는 차트, 표, 그림, 그래프 등은 핵심 메시지를 지원한다.

⑤ 전체 구성요소 간에 통일성이 있어야 한다(글, 문자 비주얼, 그림).

⑥ 복잡한 데이터는 요약하고 도식화한다(다양한 그래프, 표 활용).

1) 슬라이드 구성 사례

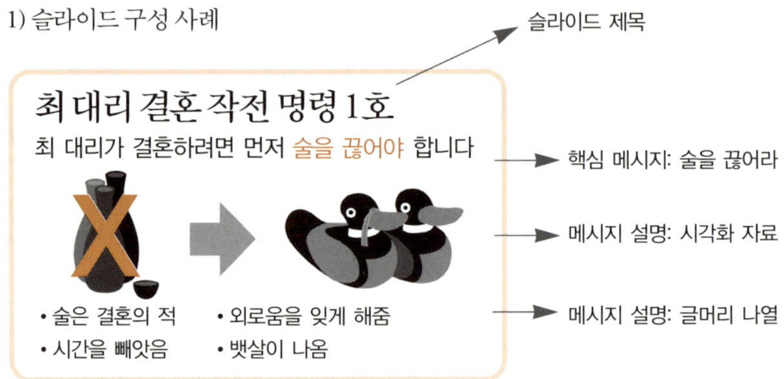

2) 슬라이드 구성 비결

① 시선의 움직임이 위에서 아래로, 왼쪽에서 오른쪽으로, 원의 경우 오른쪽으로 회전하는 방향으로 디자인한다.

② 숫자가 포함되는 데이터는 그래프로 표현한다. 만약 하나의 슬라이드에 그래프로 표현하기 어려울 만큼 데이터가 많을 경우 표로 만든다.

③ 그림 이미지의 기본은 차트다. 다양한 기본 차트 방식을 익혀 두고 응용하는 것이 좋다.

3) 슬라이드 구성 기술

① 슬라이드 전체의 밑그림 그리기

- 핵심 메시지에서 핵심 단어를 뽑는다(결혼, 술, 끊어야).

- 핵심 단어간의 연관성을 설정한다(술 끊어야 결혼).

- 전체 핵심 단어간의 관계를 표현할 수 있는 적합한 이미지를 찾는다(술=친구,

  맥주/결혼=신랑, 신부).

② 세부 작업하기

- 강조할 점이 있는지 확인한다(핵심 중의 핵심 단어). : 술을 끊어라, ×표

- 각 핵심 단어와 연관된 단어들을 찾는다(술은 결혼의 적-대립 이미지).

- 핵심 단어와 연관된 단어들에 맞는 비주얼 이미지를 찾는다(술=친구와 술을 마

  시는 모습, 결혼=신랑 신부의 다정한 모습).

- 핵심 단어와 비주얼 이미지를 결합한다(친구, 술 부정적 이미지 ×표로 결합).

- 기타 미세한 부분을 다듬어 완성한다.

3. 차트 활용 기법

1) 이미지에 맞는 차트 활용: 메시지에 맞는 이미지를 다양한 차트 형태로 기억해 두면 작업을 훨씬 빠르고 효율적으로 할 수 있다. 다음의 차트 활용 사례를 보라.

2) 메시지: 회사의 순익이 00년에서 05년 사이 5배가 증가했다.

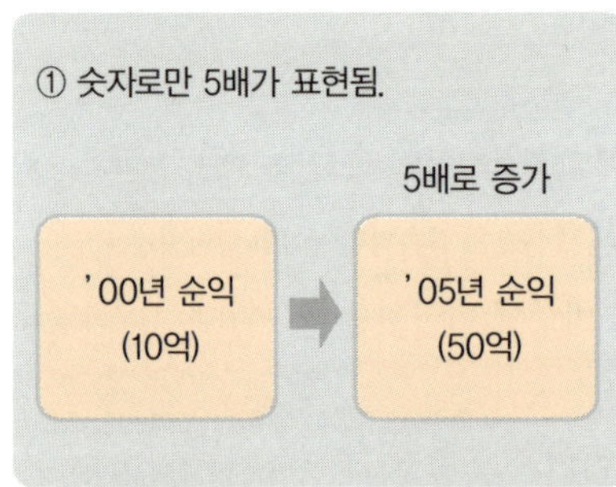

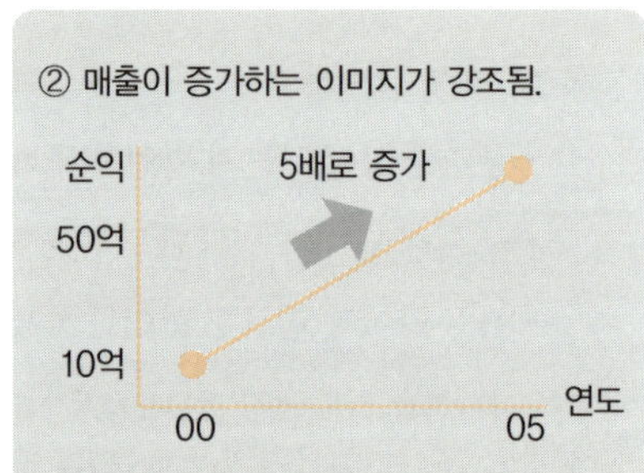

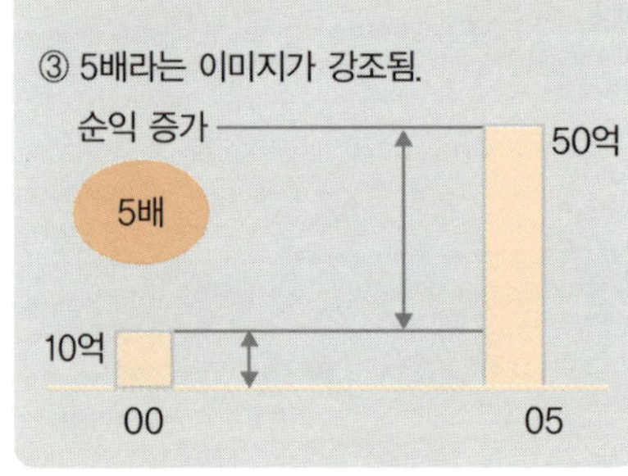

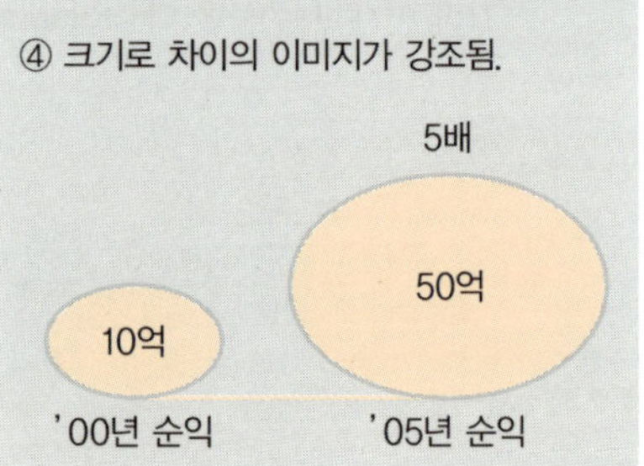

→ 워터폴(Waterfall) 차트 사용

차이를 나타내는 데 적절한 워터폴 차트를 사용한다. ②번이나 ④번처럼 별도의 이미지를 고민하지 않아도 즉시 '5배 차이' 이미지를 적절하게 표현할 수 있다.

1) 상관관계를 표현하는 차트

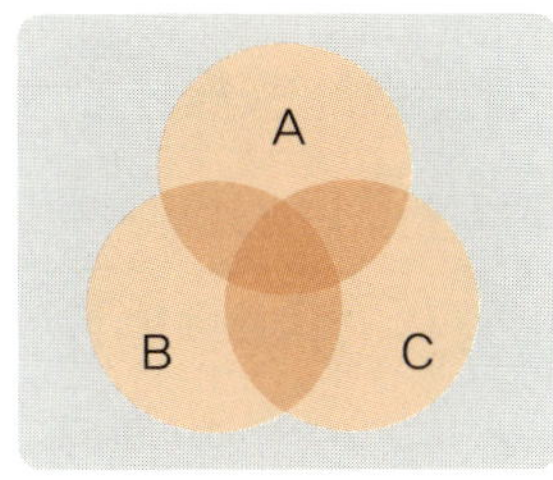

원 교차 차트: 3개 항목의 상관관계를 나타낸다.

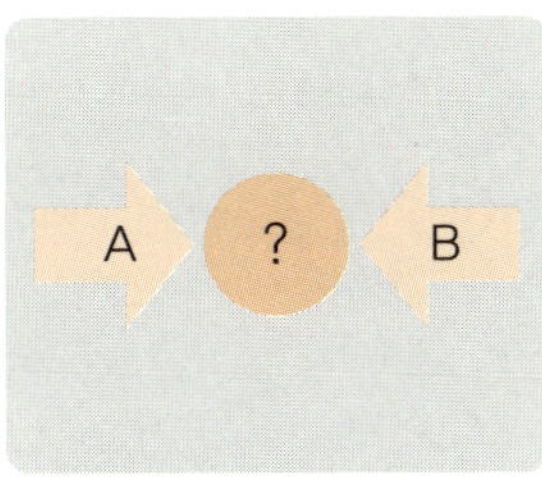

2개 대비 차트: 2개 항목의 상관관계를 나타낸다.

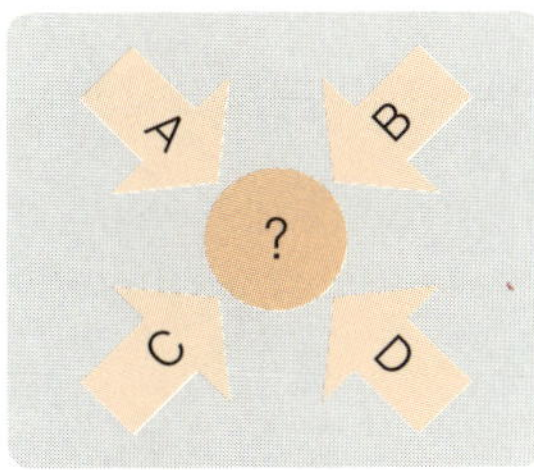

다수 대비 차트: 다수 항목의 상관관계를 나타낸다.

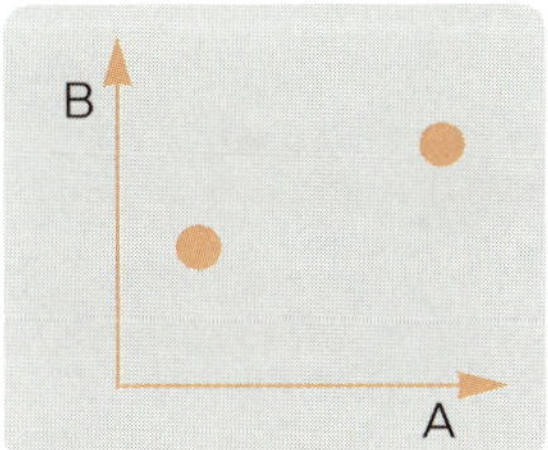

2축 차트: 2개 항목 특성간의 상관관계를 나타낸다.

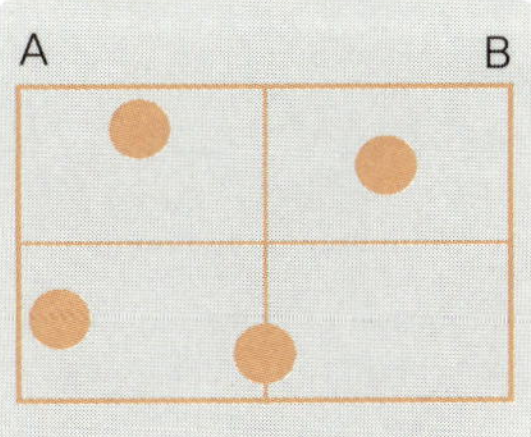

4축 차트: 4개 항목 특성간의 상관관계를 나타낸다.

그물 망 차트: 그룹화한 항목간의 상관관계를 나타낸다.

2) 구조를 표현하는 차트

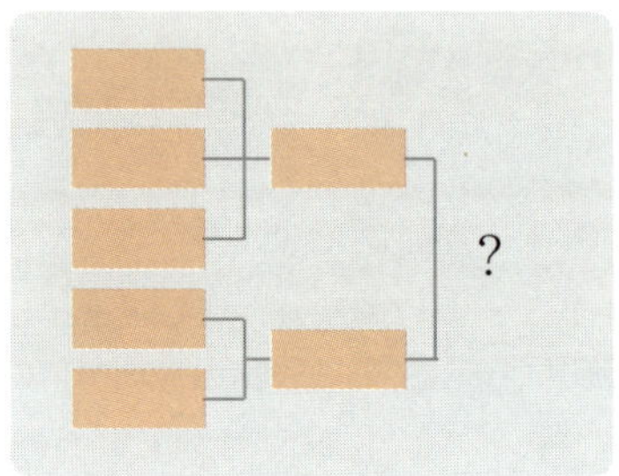

집중 차트: 여러 항목이 집중되어 1개 항목으로 정리되는 모습을 나타낸다.

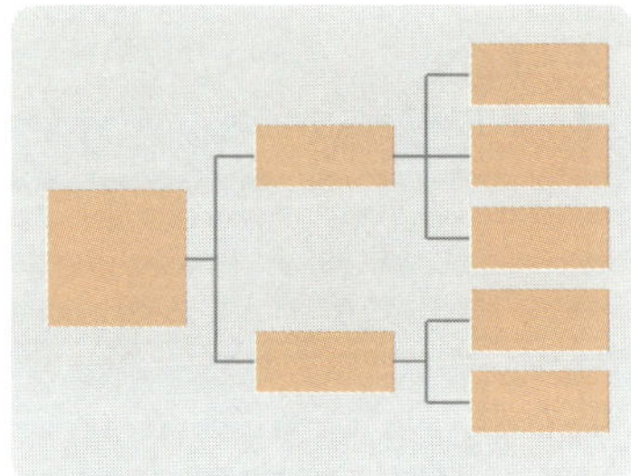

확산 차트: 1개 항목이 세분되어 여러 항목으로 확산되는 모습을 나타낸다.

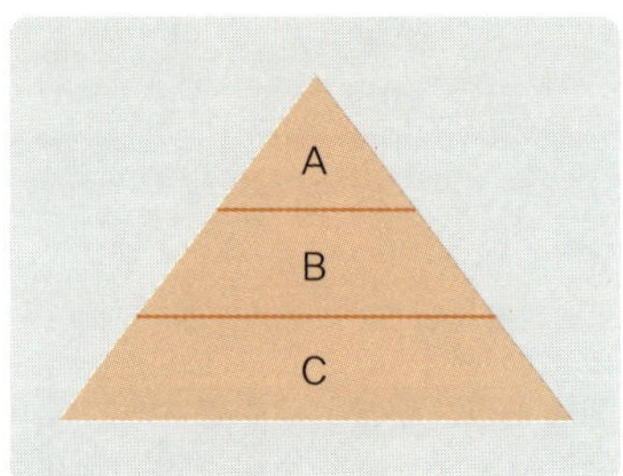

삼각 차트: 상하의 계층 구조를 나타내는 데 사용된다.

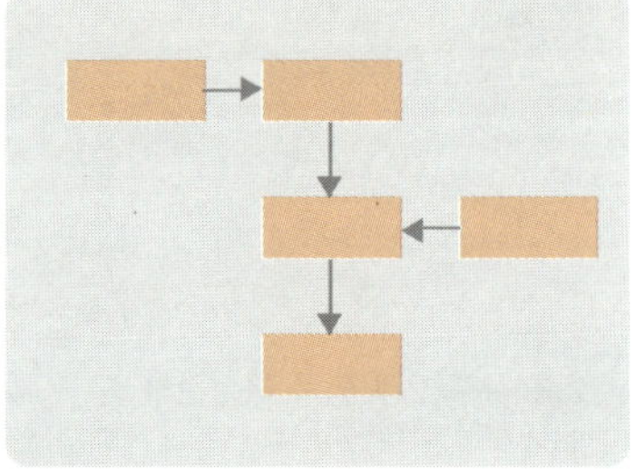

플로 차트: 프로세스나 사건의 흐름을 표현한다.

올바른 발표자의 모습

— 청중을 파악한 경우와 그렇지 못한 경우의 대응법

청중을 설득하려면 대개 얼마나 논리가 설득적으로 펼쳐졌는가가 중요하다. 그러나 때로는 청중이 논리보다 감정에 좌우되는 경우도 있다. 따라서 발표자가 청중의 감성에 적합한 모습을 갖추는 것도 중요하다.

예를 들어, 청중이 발표자의 자격에 의구심을 보이는 경우가 있다. 발표자가 낯설고 알려지지 않은 인물일 경우 의심은 더욱 커진다. 이때, 청중은 보통 논리적인 이유 없이 발표자의 발표에 반발심을 보인다. 청중에게서 이러한 의구심이 엿보이면 발표자는 자신이 발표에 적합한 지식과 경험, 배경을 갖추고 있음을 미리 보여주는 것이 좋다. 실제로 어떤 프레젠테이션에서는 발표자나 발표자가 속한 회사 등에 대해 먼저 소개하기도 한다.

일반적으로 청중의 감정적인 벽을 무너뜨리려면 발표자의 이미지를 청중에게 가장 적합한 형태로 맞추는 것이 좋다. 그러나 청중에게 맞춘다는 것이 말처럼 쉬운 일은 아니다. 발표자가 미리 청중을 충분히 파악한 경우도 있지만, 그렇지 못한 경우도 있기 때문이다.

1. 청중의 유형을 미리 파악한 경우: 청중의 유형에 맞춘다

청중의 유형을 미리 파악했을 경우에는 청중이 좋아하는 이미지에 자신을 맞추려 노력한다. 청중과 발표자가 하나가 될 수 있도록 노력함으로써 청중의 마음에 도달할 확률을 높일 수 있다.

2. 청중의 유형을 파악하지 못한 경우: 표준화한다

1) 요란한 염색 머리, 캐주얼 복장, 특정 지역의 사투리보다는 전문가다운 헤어 스타일과 정장, 그리고 또렷한 표준어가 무난하다. 개성이 강하면 특정 청중에게는 호감을 줄 수도 있지만 반대로 반감을 줄 여지도 많기 때문이다.

2) 목소리와 말의 속도 그리고 시선 처리도 표준으로 하는 것이 무난하다. 지나치게 크거나 작은 목소리, 빠르거나 느린 목소리, 특정인에게 집중되는 시선보다는 청중의 규모에 맞는 목소리, 중간 정도 빠르기의 목소리, 청중에게 골고루 집중되는 시선이 안정감을 준다.

 # 청중의 감정에 호응하라

— 청중의 감정에 호응하는 법

몇 번이나 강조했지만, 프레젠테이션의 목표는 발표자의 주장이 객관적으로 진실성이 있느냐를 증명하는 것이 아니다. 진정한 목표는 발표자와 청중이 의견 일치를 보는 데 있다. 좀더 정확히 말하자면 발표자의 주장에 청중이 동의하는 것이 프레젠테이션의 목적이다.

1. 성공의 반쪽은 청중이 쥐고 있다

프레젠테이션의 목적을 이루려면 청중의 절대적인 협조가 필요하다. 따라서 발표자는 청중과 불필요하게 정서적으로 충돌하는 일을 삼가야 한다. 청중의 감정에 부합하도록 진행하는 것이 최선이다. 발표자가 완벽한 논리를 준비했을지라도 반드시 프레젠테이션에서 성공하는 것은 아니다. 왜냐하면 성공의 반쪽은 청중이 쥐고 있기 때문이다.

2. 청중의 감정에 호응하는 방법

1) 발표가 청중의 우월감을 깎아내리거나 열등감을 조장하면 안 된다. 특히 한국인은 체면이라는 정서적 상태를 중요시한다. 그러므로 발표를 통해 청중의 체면을 깎아내리는 행위, 자존심이나 자부심에 상처를 내는 행위 등은 삼가야 한다.

2) 비슷한 얘기지만, 청중의 허영심을 자극하지 말아야 한다. 청중의 허영심이란 '충분한 근거가 없음에도 자신이 옳다고 여기는 마음'을 말한다. 누구나 자기 주장이 틀렸다는 것을 인정하는 것은 쉬운 일이 아니다.

3) 발표자는 논리와 사례를 통해 청중을 설득한다. 이때, 청중이 논리적이지도 않고 사례도 인정하지 않으면 설득은 불가능하다. 예를 들면 청중이 다음의 경우처럼 이성적이어야만 프레젠테이션에서 성공할 수 있다.

"권위로 누르지 않고 근거를 대고 논쟁을 벌이며 상대방의 합리적인 근거에 귀를 기울이고 그것에 동의할 수 있는 사람, 진리를 높이 평가하고 상대의 입에서 나온 것일지라도 정당한 근거를 기꺼이 받아들이는 공평무사한 사람, 마지막으로 상대방의 주장이 진리라는 판단이 서면 기꺼이 자기주장의 부당함을 인정하는 고통을 참을 수 있는 사람(쇼펜하우어)."

4) 불행히 이처럼 이성적인 청중을 만나지 못하는 경우에는 어떻게 해야 할까? 청중이 내용을 잘 이해하지도 못할뿐더러 이해를 할지라도 허영심 때문에 발표자의 주장을 받아들이지 않는 경우 말이다. 이럴 경우, 발표자는 설득을 멈추고 침묵을 유지해 평화를 얻는 게 차선책이다.

'침묵은 금이요, 웅변은 은이다.'

프레젠테이션 면접

프레젠테이션 면접

20대의 취업난이 심각하다고 하지만, 기업에서는 넘쳐나는 공급에 안주하지 않고 더욱 강화된 기준으로 새로운 인재를 맞이하려 노력하고 있다. 일부 기업에서 시작된 프레젠테이션 면접이 확산되는 것도 같은 맥락이다. 그렇다면 프레젠테이션 면접과 우리가 지금까지 살펴본 설득형 프레젠테이션의 차이점을 비교하면서 필요한 사항을 점검하는 것도 의미가 있을 것이다.

프레젠테이션 면접은 지금까지 살펴본 설득형 프레젠테이션과는 성격이 다르다. 설득형 프레젠테이션은 청중의 문제를 해결하기 위해 발표자가 문제의 답을 찾고 그 답을 프레젠테이션하면서 청중을 설득하는 것을 목표로 한다. 하지만 프레젠테이션 면접은 발표자에게 주제를 발표할 능력이 있는지를 점검(Test)하는 것을 목표로 한다. 다시 말해 면접의 특성이 우선시되고 그 다음으로 프레젠테이션에서 요구되는 특성이 필요하다.

1. 프레젠테이션 면접의 주요 목적(발표자 입장에서)

1) 주어진 주제를 충분히 이해하고 있음을 보여준다(이해 능력)

• 이해력의 주요 체크 포인트

① 잘 정리하는가?

프레젠테이션 면접의 특징은 발표 주제를 발표 시작 10분~1시간 전에 알게 된다는 것이다. 따라서 발표자가 운이 좋거나 준비가 완벽하지 않은 이상, 발표 내용을 완벽하게 소화하기는 어렵다. 이때, 청중은 발표자가 주어진 시간에 주제를 어떻게 정리하여 발표하는가를 평가의 포인트로 삼는다.

주제가 정해지면 발표자는 먼저 아는 것과 모르는 것을 구분한다. 그리고 아는 범위 내에서 발표 내용을 주어진 발표 시간 분량으로 정리하는 것이 중요하다.

② 이해하기 쉽게 설명하는가?

말을 어렵게 하는 사람은 두 가지 경우 중 하나다. 하나는 자신이 아는 내용이 너무 심오한 경우이고, 다른 하나는 자신도 이해하지 못하고 말을 하는 경우다. 아인슈타인이 상대성 이론을 발표했을 때 아무도 이해하지 못했다고 하는데, 이는 앞의 경우에 해당한다. 하지만 대부분의 경우는 발표자가 발표 내용을 잘 이해하지 못해 말을 어렵게 한다.

발표자는 자신이 이해하는 범위 내에서 청중이 이해할 수 있는 언어로 간결하게 발표해야 한다.

• 발표력의 주요 체크 포인트

① 논리적인가?

주제를 설명할 때 근거나 사례를 들어 설명하는가를 점검한다.

② 강조와 흐름을 살리는가?

중요한 사항은 강조하고 서론-본론-결론을 시간 배분에 맞게 구성해야 한다. 특히 주어진 시간 내에 결론이 명료하게 제시되는 흐름을 만들어야 한다.

③ 자신감이 있는가?

발표자가 자신감 있게 발표해야 청중이 발표에 집중한다. 특히 프레젠테이션 면접은 새로운 구성원을 받아들일 것인가를 결정하는 순간이기 때문에 패기 있는 모습을 보여주는 것이 중요하다.

2. 심화 프레젠테이션 면접의 주요 목적(발표자 입장에서)

기업에서 발표자(면접자)에게 '문제 해결 능력'이 있는가를 점검할 경우에는 프레젠테이션 면접이 일반적인 면접의 차원을 넘어서게 된다. 이것은 설득형 프레젠테이션과 비슷하며 '심화 프레젠테이션 면접'으로 볼 수 있다.

1) 주어진 문제를 해결할 능력이 있음을 보여준다(문제 해결 능력).

- 문제 해결 능력의 주요 체크 포인트
  ① 답의 정확성보다는 답을 이끌어내는 과정이 중요하다.

  예를 들어 이런 문제가 주어졌다고 하자. "서울 시내에는 맨홀 뚜껑이 몇 개 있는가?" 이런 질문을 받고 '내가 예상했던 질문이군' 하면서 "만 스물한 개입니다"라고 답했다고 하자. 물론 발표자는 정답을 말했지만 청중이 원하는 답은 아니다.

  다음 답을 보자. "서울 인구가 천만 명이라고 가정해 봅시다. 맨홀은 인구 천 명당 평균 1개씩 설치됩니다. 그리고 하나의 맨홀에 한 개의 뚜껑이 설치되므로 서울 시내의 맨홀 뚜껑은 만 개입니다."

이것이 바로 질문자가 원하는 답이다. 정답과 스물한 개의 차이가 나지만 이 것이 더 정답에 가까운 이유는 무엇일까? 그것은 질문자가 답변자에게 정답을 찾아가는 능력을 원했기 때문이다. 이런 질문에 대응하려면 평소에 논리적이고 전략적인 사고 훈련을 통해 문제 해결 능력을 기르는 것이 중요하다.

② 창의적인가?

이 경우는 발표자가 특정 전문 분야의 지식을 갖추고 있는가를 보는 것이 아니다. 기존의 논리나 지식에 얽매이지 않는 신선한 아이디어가 얼마나 많은지를 보고 싶어 하는 것이다.

③ 전문성을 갖추고 있는가?

간혹 청중(기업)은 발표자(지원자)가 기업에 필요한 전문성을 갖추었는지를 확인하려 한다. 전문성은 낮은 수준에서 높은 수준까지 기업마다 요구하는 내용이 다양하다. 낮은 수준의 전문성을 요구할 때는 주로 해당 기업과 관련하여 시사성 있는 주제가 많이 제시된다. 예를 들어, 증권 회사라면 "2005년도에 주가가 최고치로 마감되었는데 2006년의 주가를 어떻게 예측하고 있습니까?"라는 식이다. 높은 수준의 전문성은 지원자 자신이 이미 해당 능력을 갖추고 있어야 원활한 답변이 가능하다. 주로 경력자를 대상으로 행해지는 기술 면접이 이에 해당한다. 전문성과 관련된 주제를 발표하려면 사전에 해당 기업에 대한 지식을 갖추어야 한다. 따라서 예상 질문을 준비해 대응하는 것이 효과적이다.

3. 프레젠테이션 면접 질문 사례

A. 경제 일반

1. 미국과 FTA 협상을 벌이고 있는데 찬성하는 측과 반대하는 측 간에 논란이 많다. 현재 우리나라 상황에서 가장 바람직한 협상 결과는 어떤 것이라고 생각하는지 본인의 의견을 제시하라.

2. 최근 환율 하락으로 우리 경제에 주름살이 커지고 있다고 한다. 환율 변동이 우리 경제에 미치는 영향을 설명하라.

3. 일본이 장기 불황에서 벗어나 새롭게 성장하고, 중국은 우리 뒤를 바짝 추격하고 있다. 우리 경제가 향후 활로를 개척할 수 있는 방법은 무엇이라고 생각하는가?

B. 경영 일반

1. 팀장 리더십, 카리스마 리더십 등 리더십이란 말이 많이 쓰이고 있다. 올바른 리더십이란 어떤 것인지 본인의 의견을 제시하라.

2. 회사의 장기적인 발전을 위해서는 윤리 경영이 필수라고 한다. 윤리 경영을 하지 못해 실패한 국내외 기업 사례를 들어 윤리 경영의 필요성을 설명하라.

3. 회사의 성공을 위해서 가장 중요한 요소는 무엇이라고 생각하는가?

4. 프로페셔널이란 어떤 사람이라고 생각하는가?

5. 최근에 블루오션 전략이 크게 유행하였다. 이에 대한 본인의 의견을 제시해 보라.

C. 정유 업체

1. 중동 산유국을 둘러싼 분쟁이 끊이지 않고 있다. 이라크는 전쟁 중이며 이란
   도 핵무기를 둘러싸고 미국과 대립하고 있다. 중동 정세와 연관하여 향후 유
   가 전망을 어떻게 보는가?

2. 유가는 떨어지는데 정유소의 기름값은 떨어지지 않는다고 불평하는 사람들
   이 많다. 본인이 정유사 직원으로서 소비자로부터 이런 불만을 접했다면 어떻
   게 대응하겠는가?

D. 전자 업체

1. 한국 휴대폰 업체는 세계 시장에서 약진하다가 주춤하고 있는 추세다. 프리미
   엄 전략을 고집한 결과라는 지적이 있는데 본인의 의견은 어떠한가? 반면에
   삼성전자의 보르도 TV는 명품 전략으로 세계 TV 시장을 석권하고 있다. 이에
   대한 의견을 제시해 보라.

2. LCD 1위를 고수하던 한국의 위치가 흔들리고 있다. 한국 내에서도 삼성전자
   는 과거에 비해 소규모이지만 흑자를 내고 있는 반면에 LG LCD는 고전하고
   있다. 이러한 위기와 변화의 원인은 어디에 있다고 보는가?

E. 금융 업체

1. 한국 증시는 2006년 들어 최고치를 경신하고 있다. 반면에 한국 경제 전반은
   어려움을 겪고 있다고 한다. 이런 현상을 어떻게 설명할 수 있는가?

2. 기업 지배구조를 문제 삼는 펀드가 투자한 회사의 주식이 크게 상승한 바 있다. 기업 지배구조와 주가간의 관계가 있다고 보는가? 그렇다면 이유는 무엇인가?

F. 유통 업체

1. 최근 외국계 할인점인 까르푸와 월마트가 국내 시장에서 철수하였다. 세계 시장에서 성공한 기업들이 국내 유통 시장에서 성공하지 못하고 있는 이유는 무엇이라고 생각하는가?

2. 유통 시장에서 양극화가 심화되고 있다. 대형 할인 마트는 갈수록 성장하고 있는 데 반해서 소규모 유통 마트나 재래시장은 자리를 잃어가고 있다. 이런 가운데 지방에서는 재래시장 상인 및 소형 마트 주인들이 중심이 되어 대형 마트 입주를 거부하는 시위가 벌어지기도 했다. 당신이 대형 마트 사장이라면 어떻게 대응하겠는가?

일본의 혼다자동차 창업자인 혼다 소이치로는 이런 말을 했다.

"내가 지금까지 한 일 중 99퍼센트는 실패였다."

우리는 살아가면서 크고 작은 실패를 겪게 된다. 그렇지만 프레젠테이션의 실패는 많은 사람들 앞에서의 실패라는 점에서 남다른 기억을 남긴다.

컨설턴트 생활을 막 시작할 무렵, 나는 이런 실패를 겪었다. 주인공 최대리처럼 프레젠테이션 준비 자료도 제대로 만들지 못하던 시절, 변변한 발표의 기회도 갖지 못한 채 무대에서 퇴장해야 했던 기억이 있다. 하지만 이때 내가 두려웠던 것은 실패 그 자체가 아니었다. 그보다 더 두려운 것은 실패에 굴복하고 있는 나 자신의 모습이었다.

99퍼센트 실패해도 1퍼센트 성공할 수 있다는 자신감은 중요하다. 하지만 1퍼센트 성공한 사람이 자신감만으로 성공에 도달하지는 않았을 것이다. 실패를 거울삼아 부족한 점을 메우고 다시 도전하고 또다시 도전했을 것이다.

이 책이 거울이 되어 작게나마 여러분의 프레젠테이션 능력 향상에 도움을 줄 수 있게 된다면 더 이상 바랄 것이 없겠다.

프레젠테이션은 현대의 비즈니스맨에게 꼭 필요한 기술이다. 그러나 과거 그리스나 로마 시대에도 프레젠테이션은 있었다. 그때는 웅변에 필요한 수사학이라는 이름으로 불렸지만 말이다. 당시의 아리스토텔레스나 키케로의 수사학이 프레젠테이션에 대한 나의 생각을 논리적으로 정리하는 데 큰 도움을 주었다.

이 책을 집필하면서 딱딱한 내용을 좀 더 쉽게 전달하고자 나름대로 실험적인 노력을 했다. 지난 직장생활 경험을 살려 '혁신'을 중심으로 펼쳐지는 이야기 구조를 도입했다. 이 과정에서 특히 피터 드러커의 혁신에 대한 생각을 많이 참조했다.

오랜 기다림 끝에 책이 나오게 되어 무척 기쁘다.

언제나 내 곁에서 변함없이 힘을 주는 가족에게 감사를 드린다. 그리고 부족한 책을 진심으로 사랑해주고 출간을 위해 노력해주신 위즈덤하우스 편집부 여러분들께도 깊은 감사의 말씀을 전한다.

김희수